Contra a mentira

Dados Internacionais de Catalogação na Publicação (CIP)
(Câmara Brasileira do Livro, SP, Brasil)

Santo Agostinho, 354-430
  Contra a mentira / Santo Agostinho ; tradução de Ary E. Pintarelli. – Petrópolis, RJ : Vozes, 2024. – (Coleção Vozes de Bolso)

  Título original: Contra mendacium.
  ISBN 978-85-326-6820-2

  1. Agostinho, Santo, Bispo de Hipona, 354-430 2. Mentira I. Título. II. Série.

  24-210617   CDD-189.2

Índices para catálogo sistemático:

1. Agostinho : Santo : Filosofia 189.2

Tábata Alves da Silva – Bibliotecária – CRB-8/9253

Santo Agostinho

Contra a mentira

Tradução de Frei Ary E. Pintarelli

Vozes de Bolso

Tradução do original em latim intitulado *Contra mendacium*

© desta tradução:
2024, Editora Vozes Ltda.
Rua Frei Luís, 100
25689-900 Petrópolis, RJ
www.vozes.com.br
Brasil

Todos os direitos reservados. Nenhuma parte desta obra poderá ser reproduzida ou transmitida por qualquer forma e/ou quaisquer meios (eletrônico ou mecânico, incluindo fotocópia e gravação) ou arquivada em qualquer sistema ou banco de dados sem permissão escrita da editora.

CONSELHO EDITORIAL

Diretor
Volney J. Berkenbrock

Editores
Aline dos Santos Carneiro
Edrian Josué Pasini
Marilac Loraine Oleniki
Welder Lancieri Marchini

Conselheiros
Elói Dionísio Piva
Francisco Morás
Gilberto Gonçalves Garcia
Ludovico Garmus
Teobaldo Heidemann

Secretário executivo
Leonardo A.R.T. dos Santos

PRODUÇÃO EDITORIAL

Aline L.R. de Barros
Marcelo Telles
Mirela de Oliveira
Otaviano M. Cunha
Rafael de Oliveira
Samuel Rezende
Vanessa Luz
Verônica M. Guedes

Conselho de projetos editoriais
Luísa Ramos M. Lorenzi
Natália França
Priscilla A.F. Alves

Diagramação: Editora Vozes
Revisão gráfica: Anna Carolina Guimarães
Capa: Editora Vozes

ISBN 978-85-326-6820-2

Este livro foi composto e impresso pela Editora Vozes Ltda.

Sumário

Os que abusam das mentiras para se esconder, não devem ser arrancados de seus esconderijos por nossas mentiras.................................. 9

O erro dos priscilianistas sobre o uso de mentiras para esconder-se aos outros........... 11

Esta afirmação dos priscilianistas torna os martírios absolutamente vãos. 12

É mais perniciosa a mentira dos católicos para converter os hereges, do que a mentira dos hereges fugir dos católicos. 14

Demonstra-se a coisa por um exemplo......... 17

Querer converter os priscilianistas pela mentira é ser corrompido com eles. 19

Mentindo para um, significa não ter a fé nos outros............................... 20

É mais tolerável que um priscilianista minta ocultando sua heresia, do que um católico ocultando a verdade. 21

Se os católicos mentirem que são priscilianistas agem pior do que os priscilianistas se mentirem que são católicos. 23

Quer mentindo, quer fingindo, nunca é permitido negar a Cristo diante dos homens.... 25

Objeções e respostas........................ 25

Do mesmo modo, refutam-se as coisas que podem ser objetadas...................... 27

Não basta crer com o coração, se com a boca também se negar a Cristo. 28

Para compreender o Salmo 14,3, no qual se louva quem fala a verdade no coração. 29

Igualmente, o Apóstolo ao ordenar que falemos a verdade com o próximo. 30

São tolerados os que não pregam a verdade com a verdade, não os que anunciam a falsidade. 31

Não se deve admitir a mentira, mesmo que seja dita com alguma boa intenção. 32

Conforme a finalidade, alguns atos tornam-se bons ou maus, outros são um pecado por si mesmo: estes não devem ser feitos nem por qualquer finalidade boa. 34

Pela intenção, uma coisa é pecado mais leve do que outra; todavia, não se deve fazer o mais leve, porque, muitas vezes, sendo de outro gênero, o pecado é mais grave.. 37

Os pecados compensativos nem devem ser admitidos. O fato de Lot, que ofereceu suas filhas aos estupradores Sodomitas. 39

Perturbados pelo temor, não devemos imitar o exemplo de Lot. Nem o exemplo de Davi, que jura diante da ira.. 41

O que Davi ou o próprio Lot deveriam fazer. Nem todas as coisas feitas pelos santos devem transformar-se em costumes. 43

Exemplos buscados nas Escrituras para julgar a mentira. Uma coisa é ocultar a verdade, outra é proferir mentiras. Defende-se a mentira de Abraão e de Isaac. 46

O ato de Jacó não é mentira. Tropos não são mentiras. Por isso há metáforas, antífrases e tropos nas Escrituras. 48

O tríplice modo de debater contra aqueles
que querem usar as divinas Escrituras como
justificativas para suas mentiras. 52

Alguns exemplos de verdadeiras mentiras das
velhas Escrituras, do Novo Testamento,
porém, nada se mostra. 54

Separam-se passagens do Evangelho que
parecem apoiar a mentira. 58

Simbolicamente, Cristo fingiu não saber o que
sabia. Também, profética e figuradamente,
fingiu ir mais adiante.. 59

Exemplos da Escritura antiga, se ali se
narrarem mentiras dos homens,
não devem ser imitadas. 61

Para não imitar a fornicação de Judá,
nem a mentira de Tamar. 62

A mentira é sempre injusta, já que é pecado
e contrária à verdade. 63

Com as parteiras Hebreias e com Raab não se
remuneraram os erros, mas a benevolência. 65

As tarefas eternas e imortais não devem ser
buscadas por nenhuma mentira. 66

Talvez, às vezes, bons homens poderiam mentir
para a salvação do outro. 67

As parteiras Hebreias e Raab teriam agido
melhor não querendo mentir. 69

Regra pela qual devem ser redigidas as coisas
que nas Escrituras são ditas como exemplos
de mentira. 72

Se se deve esconder ao doente o que lhe traria a
morte. Não se deve temer que a verdade
homicida não seja dita. 73

Permitida a mentira no caso proposto, como é
difícil fingir as finalidades com mentiras,
para não crescerem até pecados graves. 75

Para ensinar ao que duvida se não deve
cometer um estupro, da mesma forma
não se deve mentir. 77

Se de outra forma permitem-se as mentiras,
deve-se temer que não progrida até os
perjúrios e as blasfêmias. 78

Se se deve mentir, ao menos, pela salvação eterna
do homem. Em perigo de salvação eterna, assim
como não se deve apoiar o homem no estupro,
também não se deve apoiá-lo na mentira,
que é um verdadeiro pecado. 80

Epílogo. 83

Os que abusam das mentiras para se esconder, não devem ser arrancados de seus esconderijos por nossas mentiras.

1. 1. Tu me enviaste muitas coisas para serem lidas, caríssimo irmão Consêncio, realmente me enviaste muitas coisas para serem lidas; e enquanto me preparava para responder, fui impedido por várias outras ocupações mais urgentes, e assim o ano passou; agora estou angustiado, devendo de algum modo responder, para não reter por mais tempo o portador que, tendo já chegado o tempo favorável de navegar, deseja voltar para casa. Por isso, li imediatamente todas as coisas que de tua parte me foram trazidas pelo servo de Deus Leonas e, depois, quando me decidi ditar a resposta repassei, reli tudo e considerei cada coisa com a atenção que me foi possível. Causou-me muito prazer tua maneira de escrever, o conhecimento das santas Escrituras, a agudez do teu espírito, o desprazer que te leva a censurar certos católicos negligentes e ainda o zelo com que atacas os hereges, que se escondem. Todavia, não me convence a ideia que, para arrancá-los de seus esconderijos, se deva recorrer às nossas mentiras. De fato, qual o motivo pelo qual os procuramos com tanto cuidado e os indagamos senão para surpreendê-los em campo aberto ou também para ensinar-lhes a verdade ou para que eles, convencidos pela verdade, sejam impedidos de prejudicar os outros? E isso para que sua mentira seja eliminada, ou evitada, e aumente a verdade de Deus. Por isso, como poderei combater corretamente as mentiras com a mentira? Poder-se-á combater os latrocínios com o latrocínio, os sacrilégios com o sacrilégio, os adultérios com o adultério? Ora, se mediante a minha mentira abundar a verdade de Deus, também nós haveremos de dizer: *Façamos o mal para que venha o bem* (Rm 3,7-8). Vês como isso é detestado pelo apóstolo. Pois o que significa: mintamos para reconduzir os hereges mentirosos à verdade, senão: façamos o mal para que venha o bem? Ou será que algumas vezes a mentira é um bem ou, às vezes, a mentira não é um mal? Por que, pois, está escrito: *Odiaste, Senhor, quem pratica a iniquidade, perderás todos os que dizem mentiras?* (Sl 5,6-7). Com efeito, não excetuou alguns, nem falou de maneira genérica: *Perderás os que dizem mentiras*, expressão que poderia ser entendida como relativa a alguns e não a todos. Ao contrário, ele pronunciou uma sentença universalmente válida, dizendo: *Perderás a todos os que dizem mentiras*. Ou, talvez, por não ter dito: perderás todos aqueles que dizem todo o tipo de mentiras, ou aqueles que falam qualquer mentira, devemos considerar que tenha concedido a faculdade de dizer mentiras, isto é, existirá alguma mentira que, quando dita, Deus não a condena, mas perderá todos aqueles que dizem mentiras injustas, e não qualquer mentira, como se pudesse existir uma mentira justa que, de qualquer forma, deveria ser considerada um louvor, não um crime?

O erro dos priscilianistas sobre o uso de mentiras para esconder-se aos outros.

2. 2. Não percebes que esta discussão ajuda aqueles mesmos que, como uma grande caça, queremos conquistar com nossas mentiras? Com efeito, é próprio dos priscilianistas, conforme tu mesmo demonstraste, empregar testemunhos da Escritura para comprovar suas afirmações e exortam seus adeptos a mentirem também em base a presumidos exemplos dos patriarcas, dos profetas, dos apóstolos e dos Anjos; e não duvidam de acrescentar também o próprio Senhor Jesus Cristo, não encontrando outra forma de mostrar que sua falsidade é verdadeira senão dizendo que a própria Verdade é mentirosa. Essas coisas devem ser combatidas, não imitadas, e não devemos participar do mal dos priscilianistas, sobretudo naquilo que demonstram ser piores do que os outros hereges. Pois somente eles, ou, certamente, sobretudo eles, ousam fazer da mentira um dogma para esconder aquilo que julgam ser a sua verdade: pois consideram que um mal tão grande seja justo, porque dizem que se deve guardar no coração aquilo que é verdadeiro; com efeito, dizer aos outros com a boca o que é falso, não constitui pecado; e isso está escrito: *Aquele que diz a verdade em seu coração* (Sl 14,3); como se isso bastasse para a justiça, embora com a boca alguém diga uma mentira, quando aquele que ouve não é um próximo, mas um estranho. Por isso, consideram que também o Apóstolo Paulo, depois de dizer: *Renunciando à mentira, falai a verdade;* imediatamente teria acrescentado: *cada um a seu próximo, pois somos membros uns dos outros* (Ef 4,25). Em outras palavras, com aqueles que não nos estão próximos na sociedade da verdade, nem, por assim dizer, são membros nossos, é lícito e oportuno falar a mentira.

Esta afirmação dos priscilianistas torna os martírios absolutamente vãos.

2. 3. Esta afirmação desonra os santos mártires e até torna absolutamente vãos os santos martírios. Segundo eles, os mártires teriam agido com mais justiça e sabedoria se não tivessem confessado ser cristãos diante de seus perseguidores e com sua confissão impediriam que eles se tornassem homicidas: antes, porém, mentindo e negando o que eram, os mártires teriam salvado a vida da carne e o propósito do coração e não teriam permitido realizar o crime concebido por eles no espírito. Com efeito, não eram próximos dos mártires na fé cristã, para que, em sua boca, devessem ter a verdade que falavam em seu coração; mas eram, sobretudo, inimigos da verdade. Pois se Jeú, que entre outros eles lembram como exemplo de mentir com prudência, mentiu dizendo ser servo de Baal, para matar seus servos (cf. 2Rs 10), com quanta maior razão, segundo a perversidades destes, em tempo de perseguição, os servos de Cristo mentiriam ser servos dos demônios, para que os servos dos demônios não matassem os servos de Cristo? E assim, se Jeú fez um sacrifício a Baal para matar homens, com quanta maior razão os cristãos poderão sacrificar aos ídolos para impedir que homens sejam mortos? Assim, de acordo com essa excelente doutrina dos mentirosos, que mal haveria se, fingindo esse culto do diabo no corpo, conserva-se no coração o culto de Deus? Mas, os verdadeiros mártires, os santos mártires, não entenderam assim o apóstolo. Na verdade, viram e observaram o que está escrito: *Com o coração se crê para a justiça, com a boca se confessa para a salvação* (Rm 10,10); e: *Na sua boca não se achou mentira* (Ap 14,5). E assim, afastaram-se irrepreensíveis para onde já não precisarão preocupar-se com as tentações, porque nas moradas celestes não terão mais mentirosos, nem distantes nem próximos. Certamente, eles não teriam imitado a conduta de Jeú que, com uma ímpia mentira e com um sacrifício sacrílego investigou os ímpios e os sacrílegos para matá-los, mesmo que a própria Escritura tenha deixado de dizer que tipo de homem ele era. Na verdade, já que está escrito que ele não tinha um coração reto diante de Deus (cf. 2Rs 10,29), o que lhe aproveitou receber uma recompensa transitória de um reino temporal por uma obediência de exterminar totalmente a casa de Acab, quando apenas mostrou seu desejo de dominar? Antes, para que defendas a verdadeira doutrina dos mártires, exorto-te, irmão, a seres contra os mentirosos, não doutor da mentira, mas defensor da verdade. Pois, peço-te, observa com mais diligência o que digo, para que descubras quanto se deve fugir dos ímpios, com um zelo certamente louvável, para que possam compreender, corrigir ou evitar aquilo que, todavia, julga-se imprudente ensinar.

É mais perniciosa a mentira dos católicos para converter os hereges, do que a mentira dos hereges fugir dos católicos.

3. 4. As espécies de mentiras são muitas e, na verdade, devemos odiá-las todas, sem distinção, pois não existe mentira que não seja contrária à verdade. Com efeito, a verdade e a mentira são contrárias entre si como a luz e as trevas, a piedade e a impiedade, a justiça e a iniquidade, o pecado e a ação correta, a vida e a morte. Por isso, quanto amamos a verdade tanto devemos odiar a mentira. Todavia, existem mentiras que, se nelas se acredita, não causam dano algum, embora também em tais tipos de mentira se queira enganar, mas são mais prejudiciais ao que mente do que ao que crê. Por exemplo, se aquele nosso irmão e servo de Deus, Fronto, tivesse dito alguma mentira nas coisas que te disse – longe de mim pensar assim –, teria causado dano a si mesmo e não a ti, embora tu acreditasses, sem maldade, em tudo o que ele te contava. Porque, quer aquelas coisas tenham acontecido assim, quer não, se acredita-se que aconteceram assim, mesmo que não tenham acontecido assim, não existe nada que seja culpado pela regra da verdade e pela doutrina da salvação eterna. Mas se alguém mentir em coisas que, ao se acreditar nelas, se cai na heresia em relação à doutrina de Cristo, tanto mais grave é a culpa daquele que mente quanto mais miserável é a condição daquele que acredita. Vê, portanto, quão grande é a culpa quando mentimos contra a doutrina de Cristo, pois perecerá aquele que acredita; assim, para convertermos os inimigos da mesma doutrina, nós os levamos para a verdade enquanto nos afastamos dela; e até, quando, mentindo, conquistamos os mentirosos, ensinamos mentiras piores. Afinal, uma coisa é o que dizem quando mentem, outra quando se enganam, pois, quando ensinam sua heresia dizem as coisas nas quais estão enganados, mas quando dizem sentir o que não sentem, ou não sentir o que sentem, dizem as coisas nas quais mentem. E se alguém acreditar neles, ainda que não descubra seu erro, não perecerá. De fato, não se afasta da fé católica alguém que acredita ser católico um herege que, mentindo, faz profissão de dogmas católicos e, por isso, não lhe é nocivo, porque não pode julgar o que está escondido na mente do homem e não é enganado na fé de Deus que deve guardar inalterada. Ao contrário, porém, quando ensinam sua heresia, quem acredita, julgando-a verdade, torna-se participante tanto do erro quanto da condenação deles. Assim acontece que perece quem acreditar quando eles ensinam suas maldosas doutrinas, pelas quais são levados a um erro mortal; mas nós, quando pregamos os dogmas católicos, nos quais depositamos a fé correta, quem acreditar será encontrado se estava perdido. Quando, porém, por serem priscilianistas, escondem seus venenos e mentem ser dos nossos, aquele dos nossos que acreditar neles permanecerá católico, mesmo que eles estejam escondidos; nós, porém, se, para chegar a seu laço, mentirmos que somos priscilianistas, porque haveremos de louvar os seus dogmas como se fossem nossos, aquele que acredita, ou se estabelecerá entre eles, ou passará imediatamente para eles. De fato, quem poderá saber com certeza o que reserva o futuro, se depois, quando dissermos a verdade, forem libertados aqueles que antes enganamos com nossas mentiras? E quem saberá ao certo que querem ouvir aquele que ensina, quando sabem que ele mentiu? Quem ignorará que isso é incerto? Disso conclui-se que é mais pernicioso ou, para falar benevolamente, mais perigosa a mentira dita pelos católicos para convencer os hereges, do que a mentira dos hereges para escapar dos católicos. Porque, quem acredita nos católicos que mentem para convencer as pessoas, ou se torna ou se confirma como herege; ao passo que, quem acredita nos hereges que mentem para se ocultar, não deixa de ser católico. Para que isso fique mais claro, proponhamos alguns exemplos e os tomemos, sobretudo, dos escritos que me enviaste para serem lidos.

Demonstra-se a coisa por um exemplo.

3. 5. Eis que colocamos diante dos olhos um esperto explorador que se aproxima de alguém que ouviu dizer que é Priscilianista e, mentindo, louva a fama do bispo Dictínio, seja porque o conheceu em vida, seja porque não o conheceu: isso é ainda mais tolerável porque se supõe que ele tenha sido católico e que se corrigiu daquele erro. Depois – continuando na arte de mentir – com reverência, recordará Prisciliano, homem ímpio e detestável e condenado por seus horríveis malefícios e crimes cometidos. Nessa sua venerável lembrança, se por acaso aquele ao qual dessa forma são estendidas as redes não fosse um Priscilianista convicto, por essa pregação seria confirmado. Mas, quando o discurso do explorador prosseguir para outras coisas, dirá ter piedade daqueles que o autor das trevas envolveu em tantas trevas de erros que os fez desconhecer a honra de sua alma e a claridade da linhagem divina. Depois fala do livro de Dictínio, cujo nome é *Libra*, porque trata de doze questões, como se fossem doze onças, e lhe tece tantos elogios que o tal *Libra*, no qual estão contidas horrendas blasfêmias, mas ele considera muito mais precioso do que muitos milhares de libras de ouro. E, assim, a astúcia daquele que mente mata a alma daquele que acredita, ou, se já estiver morta, aprofunda-a na morte e a sepulta. Mas, dirás, depois será libertada. E se isso não acontecer, quer porque apareceu outro obstáculo que impede de concluir o projeto, quer pela obstinação da mente do herege em negar, ao menos em parte, aquilo que já tinha começado a professar? Porque, se souber que foi enganado por um estranho, tentará com mais audácia ocultar o que sente recorrendo a mentiras e quando tiver certeza de que isso pode ser feito sem culpa, conforme o exemplo de seu tentador. E então, por que culpamos o homem que, mentindo, julga proteger a verdade e ousamos condená-lo por aquilo que lhe ensinamos?

Querer converter os priscilianistas pela mentira é ser corrompido com eles.

3. 6. Por isso, resta que não duvidemos de condenar com verdadeira piedade aquilo que os priscilianistas, seguindo a detestável falsidade de sua heresia, ensinam sobre Deus, sobre a alma, sobre o corpo e sobre as outras coisas; mas, quanto à sua opinião de que se pode mentir para ocultar a verdade – Deus nos livre! – aceitamos que seja um dogma comum para nós e para eles. E este é um mal tão grave que, embora a nossa tentativa de conquistá-los e convertê-los com a nossa mentira conseguisse o real sucesso de conquistá-los e mudá-los, este resultado não teria tanto valor de compensar o dano: procurando a sua correção, também nós seríamos pervertidos como eles. Porque, por essa mentira, tanto nós seríamos em parte pervertidos quanto eles seriam corrigidos pela metade, pois não corrigimos quando pensamos que se pode mentir para chegar à verdade, porque também nós aprendemos e ensinamos a mesma coisa e ordenamos que é necessário ser assim para que possamos chegar a corrigi-los. Todavia, não os corrigimos, porque não lhes arrancamos o pensamento pelo qual julgam esconder a verdade; antes, enganamo-nos a nós mesmos, já que os procuramos com o mesmo pensamento: nem encontramos motivos para crer que se tenham convertido, se, quando estavam pervertidos, nós lhes mentimos, pois, talvez, uma vez convertidos, irão fazer aquilo que sofreram para serem convertidos; não só porque estavam habituados a agir assim, mas também porque encontraram a mesma coisa em nós quando aqui chegaram.

Mentindo para um, significa não ter a fé nos outros.

4. 7. E o que é mais lamentável é que também eles, que já eram quase dos nossos, não podem encontrar um motivo para acreditar em nós, pois suspeitam que também nós, ao expor o dogma católico, recorremos à mentira para ocultar não sei que outras coisas que consideramos verdadeiras; certamente, a alguém que suspeita isso, hás de dizer: Agora agi assim para te conquistar; mas, o que responderás ao que te disser: Como posso saber que agora não estás agindo da mesma forma para não ser conquistado por mim? Ou será que pode ser persuadido um homem que mente para convencer os outros, não minta para não ser pego? Vês até onde pode ir esse mal? Que não só torna suspeitos a nós para eles e eles para nós, mas, com razão, torna cada irmão suspeito a seu irmão. E assim, enquanto se recorre à mentira para ensinar a fé, obtém-se o contrário, que ninguém mais tem fé em ninguém. De fato, se ao mentir falamos contra Deus, que mal maior poderá ser encontrado do que uma mentira que, de todo o modo, devemos evitar como algo muito funesto.

É mais tolerável que um priscilianista minta ocultando sua heresia, do que um católico ocultando a verdade.

5. 8. Agora, porém, nota que, em comparação a nós, é mais tolerável que os priscilianistas mintam, pois eles sabem que falam falsamente, do que nós que, com nossa mentira, julgamos poder libertá-los das falsidades nas quais se encontram por engano. O Priscilianista diz que a alma é parte de Deus e, portanto, da mesma natureza e substância. Esta é uma grande blasfêmia, que deve ser detestada, pois disso segue que a natureza de Deus pode ser aprisionada, enganada, iludida, perturbada, manchada, condenada e torturada. Ora, se tanto este quanto aquele diz que, por meio da mentira, deseja libertar o homem de tão grande mal, vejamos que diferença existe entre ambos os blasfemadores. Há muita, dirás: pois o Priscilianista fala assim e crê; o católico, porém, não acredita, embora fale assim. Portanto, aquele blasfema sem saber, este, porém, sabendo; aquele se volta contra a ciência, este, contra a consciência; aquele é cego porque tem ideias falsas, mas ao manifestá-las tem, ao menos, a intenção de dizer a verdade; este, no íntimo vê a verdade, mas voluntariamente fala falsidades. Mas aquele, dirás, ensina isso para tornar os homens participantes de seu erro e do seu furor; este, porém, diz isso para libertar os homens daquele erro e furor. Na verdade, acima já mostrei quanto é prejudicial acreditar que isso traga algum proveito. Mas, se refletirmos sobre esses dois males presentes – porque os bens futuros que o católico busca ao corrigir o herege são incertos – quem peca com mais gravidade, será aquele que engana o homem sem saber, ou aquele que blastema contra Deus conscientemente? Naturalmente, compreende que é pior aquele que, com sincera e operosa piedade, antepõe Deus ao homem. Além disso, se é lícito ofender a Deus para induzir a pessoa a louvá-lo, sem dúvida, com nosso exemplo e doutrina, convidamos os homens não só a louvar a Deus, mas também a ofendê-lo: pois aqueles que nos esforçamos por levar ao louvor de Deus recorrendo a blasfêmias e se, de fato, conseguimos, não só aprenderam a louvá-lo, mas também a ofendê-lo. Estes são os benefícios que fazemos àqueles que queremos libertar dos hereges usando métodos que não ignoramos, mas sabemos serem blasfemos. E já que o apóstolo exorta os homens, também o próprio satanás, a aprenderem a não blasfemar (cf. 1Tm 1,20), nós tentamos arrancar os homens de satanás para que aprendam a blasfemar não por ignorância, mas com consciência; e assim, nós, seus mestres, conseguimos este tão grande desastre que, para converter os hereges, primeiramente nos tornemos – o que é certo – blasfemadores de Deus para libertá-los – o que é incerto – e possamos ser doutores de sua verdade.

Se os católicos mentirem que são priscilianistas agem pior do que os priscilianistas se mentirem que são católicos.

5. 9. Por isso, já que ensinamos os nossos a ofender a Deus para que os priscilianistas acreditem que são dos seus, vejamos quantos males dizem quando mentem para que creiamos que eles são dos nossos. Eles excomungam Prisciliano e o detestam, como fazemos nós; dizem que a alma é criatura de Deus e não uma parte; amaldiçoam os falsos mártires dos priscilianistas; exaltam com grandes louvores os bispos católicos que desmascararam, combateram e destruíram aquela heresia, e outras coisas assim. Ora, eles dizem a verdade quando mentem, não porque algo possa ser verdade e mentira ao mesmo tempo, mas porque por um lado mentem e por outro dizem a verdade: mentem ao dizer que são dos nossos e dizem a verdade ao falar da fé católica. E, por isso, para não serem considerados priscilianistas, mentirosamente dizem a verdade; nós, porém, porque queremos conquistá-los, não só falamos mentirosamente para que acreditem que fazemos parte deles, mas também falamos falsidades que sabemos pertencer ao erro deles. Por isso, quando eles querem ser considerados dos nossos, aquilo que dizem, em parte, é falso e, em parte, é verdadeiro; de fato, é falso que eles são dos nossos, mas é verdade que a alma não é parte de Deus. Porém, quando nós queremos fazer crer que pertencemos a eles, ambas as coisas que dizemos são falsas: tanto que nós somos priscilianistas quanto que a alma é parte de Deus. Por isso, quando se escondem não blasfemam, mas louvam a Deus, e quando não se escondem, mas anunciam sua doutrina, não sabem que blasfemam. E, assim, se se converterem à fé católica, consolam-se a si mesmos porque podem dizer que o apóstolo, entre outras coisas, disse: *Primeiro fui blasfemo, mas alcancei misericórdia porque o fiz por ignorância* (1Tm 1,13). Nós, ao contrário, para que eles se abram a nós, recorremos à mentira, que cremos ser justa e, para enganá-los e conquistá-los, dizemos que fazemos parte dos blasfemadores priscilianistas e, para que creiam em nós, blasfemamos sem a desculpa da ignorância. De fato, nenhum católico que, blasfemando, quer passar por herege pode dizer: Agi por ignorância.

Quer mentindo, quer fingindo, nunca é permitido negar a Cristo diante dos homens.

6. 10. Em tais casos, irmão, sempre devemos lembrar-nos com temor: *Quem me negar diante dos homens, também eu o negarei diante de meu Pai que está nos céus* (Mt 10,33). Ou será que não há de negar a Cristo diante dos homens quem o nega diante dos priscilianistas para desmascará-los e subjugá-los por meio de uma mentira blasfema? E quem duvida, diga por favor, que Cristo é negado quando se diz que ele não é aquilo que realmente é e se diz que é aquele em quem o Priscilianista acredita?

Objeções e respostas.

6. 11. E dirás: Mas de outra maneira jamais podemos encontrar os lobos escondidos que, vestidos em pele de ovelhas (cf. Mt 7,15), de seus esconderijos assaltam gravemente o rebanho do Senhor. Então, como os priscilianistas se tornaram conhecidos antes de se pensar na caça a essa mentira? Como se chegou ao covil de seu fundador, certamente mais astuto e, por isso, mais escondido? Como tantos foram descobertos e condenados e inúmeros outros que, em parte, foram corrigidos ou, em parte, considerados como corrigidos e que foram misericordiosamente admitidos na Igreja? Com efeito, quando usa de misericórdia, o Senhor oferece muitos caminhos pelos quais chegar a encontrá-los: dois deles são mais favoráveis: que sejam mostrados por aqueles que quiseram seduzir, ou por aqueles que, arrependidos e convertidos, já foram seduzidos. Isso se obtém com mais facilidade se o nefasto erro não for destruído com atrações mentirosas, mas com discussões verdadeiras. Por isso, deves dedicar-te a escrever obras desse tipo, porque o Senhor te deu capacidade de fazê-lo: esses salutares escritos, pelos quais é destruída a insana perversidade deles, tornar-se-ão sempre mais conhecidos e difundidos em toda a parte, tanto entre os Católicos ou os Bispos que falam ao povo quanto entre os estudiosos que estão cheios do zelo de Deus; estas serão as santas redes que prenderão pela verdade, sem o recurso à mentira. Com efeito, assim vencidos, ou confessarão espontaneamente o que foram, e os outros, que conheceram em sua má sociedade, de bom grado os corrigem ou misericordiosamente os trazem a nós: ou, se tiverem vergonha de confessar o que fizeram por uma constante simulação, serão curados pela oculta e misericordiosa mão de Deus.

Do mesmo modo, refutam-se as coisas que podem ser objetadas.

6. 12. Responderás: Porém, é muito mais fácil penetrar em seus esconderijos se mentirmos ser o que eles são. Se isso fosse lícito ou conveniente, Cristo poderia ter ordenado às suas ovelhas que se dirigissem aos lobos vestidos em pele de lobo e descobri-los através da arte das falácias: mas não lhe disse isso, mesmo quando predisse que haveria de enviá-los para o meio de lobos (cf. Mt 10,16). No entanto, dirás: Mas, na ocasião, não se precisava procurá-los, já que os lobos estavam muito às claras; devia-se, porém, suportar suas mordidas e crueldades. E o que dizer, quando, ao predizer os tempos posteriores, disse que haveriam de vir lobos vorazes em vestes de ovelhas? Não era, então, o momento de exortar e dizer: E vós, para encontrá-los, tomai as vestes dos lobos, mas interiormente permanecei como ovelhas? Não disse isso: antes, depois de dizer: *Muitos virão a vós com peles de ovelhas, mas por dentro são lobos vorazes,* não acrescentou: Por vossas mentiras, mas: *Por seus frutos os conhecereis* (Mt 7,15-16). As mentiras devem ser evitadas pela verdade, ser conquistadas pela verdade, ser destruídas pela verdade. Longe de nós vencer as blasfêmias proferidas inconscientemente, blasfemando conscientemente; longe de nós evitar o mal dos mentirosos, imitando-os. Afinal, como evitaremos o mal se, para evitá-lo, o fazemos? De fato, se, para descobrir aquele que blasfema inconscientemente, blasfemamos conscientemente, aquilo que fazemos é pior do que aquilo que queremos corrigir. Se, para encontrar aquele que nega a Cristo sem saber, eu o negar sabendo, aquele que assim eu encontrar, há de seguir-me na perdição. Na verdade, quando eu o procuro, estou perdido antes dele.

Não basta crer com o coração, se com a boca também se negar a Cristo.

6. 13. Por acaso, se alguém se esforça por encontrar os priscilianistas desse modo, não nega a Cristo porque, com a boca, afirma coisas em que não acredita no coração? Como se – e, também isso, eu já disse pouco acima – quando foi dito: *Com o coração se crê para alcançar a justiça*, em vão tenha sido acrescentado: *e com a boca se professa para alcançar a salvação* (Rm 10,10). Não é verdade que quase todos os que negaram a Cristo diante dos perseguidores conservaram no coração aquilo que dele acreditavam? E, todavia, por não confessarem com a boca a sua salvação, pereceram todos, menos os que retornaram à vida pela penitência. Quem será tão insensato de pensar que, ao negar a Cristo, o apóstolo

Pedro tivesse no coração aquilo que dizia com a boca? Sem dúvida, naquela negação, internamente conservava a verdade e, externamente, proferia a mentira. Portanto, por que quis lavar com as lágrimas aquilo que negara com a boca (cf. Mt 26,69-75), se, para a salvação, bastava aquilo em que acreditava no coração? Por que, falando a verdade no seu coração, puniu com um pranto tão amargo a mentira que proferiu com a boca, a não ser porque viu que era uma grande ruína que aquilo em que certamente acreditava no coração para a justiça, não o confessou com a boca para a salvação?

Para compreender o Salmo 14,3, no qual se louva quem fala a verdade no coração.

6. 14. Por isso, aquilo que está escrito: *O que fala a verdade em seu coração*, não deve ser entendido como se, enquanto se mantém a verdade no coração pode-se dizer mentiras com a boca. Mas é dito assim porque pode acontecer que alguém diga a verdade com a boca, coisa que em nada lhe aproveita se não a conservar no coração, isto é, se não crer naquilo que diz: como fazem os hereges, sobretudo os priscilianistas, pois, certamente, não creem na verdade católica e, todavia, falam para fazer crer que são dos nossos. Portanto, falam a verdade com sua boca, mas não no seu coração. Por isso, deveriam ser distinguidos daquele sobre o qual foi dito: *O que fala a verdade em seu coração*. O católico, porém, fala essa verdade no seu coração, porque assim crê; e, portanto, deve tê-la também na boca para proclamá-la: contra essa verdade, porém, não tenha falsidade, nem no coração nem na boca, para que tanto no coração creia para a justiça quanto na boca faça a profissão para a salvação. Pois também no Salmo em que se diz: *O que fala a verdade no seu coração*, imediatamente, é também acrescentado: *O que não cometeu engano com sua língua* (Sl 14,3).

Igualmente, o Apóstolo ao ordenar que falemos a verdade com o próximo.

6. 15. E aquilo que diz o Apóstolo: *Renunciando à mentira, fale cada um a verdade a seu próximo, pois somos membros uns dos outros* (Ef 4,25); que jamais entendamos isso como se fosse permitido falar a mentira com aqueles que, conosco, ainda não são membros do corpo de Cristo. Mas, é dito dessa forma porque cada um dos nossos deve considerar o outro que deseja se tornar, embora ainda não se tenha tornado, possa vir a ser membro de Cristo: assim como Cristo mostrou um estrangeiro samaritano como próximo daquele com o qual usou de misericórdia (cf. Lc 10,30-37). Portanto, deve ser considerado próximo, não estrangeiro, aquele com o qual agimos para que não nos permaneça um estrangeiro; e se, pelo fato de ainda não participar da nossa fé e dos nossos sacramentos e lhe mantemos desconhecidas certas verdades, todavia, não devem ser-lhes ditas falsidades.

São tolerados os que não pregam a verdade com a verdade, não os que anunciam a falsidade.

6. 16. Ora, também nos tempos dos apóstolos existiram alguns que não pregaram a verdade com a verdade: desses, o Apóstolo diz que não anunciaram Cristo com espírito casto, mas por inveja e por emulação. Por isso, também agora são tolerados alguns que não anunciam a verdade com espírito casto: todavia, de modo algum foram louvados aqueles que pregaram a falsidade com espírito reto. Finalmente, deles diz: *Que Cristo seja anunciado, seja por pretexto, seja por verdade* (Fl 1,15-18); mas, de modo algum teria dito: Que Cristo seja primeiramente negado, para depois ser anunciado.

6. 17. Pelo que existem muitas maneiras de descobrir os hereges escondidos, mesmo sem criticar a fé católica ou louvar a impiedade dos hereges.

Não se deve admitir a mentira, mesmo que seja dita com alguma boa intenção.

7. 17. Mas se, de outra forma, a herética impiedade não puder, absolutamente, ser arrancada de suas cavernas a não ser desviando a língua católica da verdade, seria mais tolerável que a impiedade permanecesse oculta do que a verdade ser lançada em um precipício; seria mais tolerável que as raposas ficassem escondidas nas suas tocas, do que, para prendê-las, os caçadores caíssem no fosso da blasfêmia; seria mais tolerável que a perfídia dos priscilianistas permanecesse encoberta pelo véu da verdade, do que a fé dos Católicos fosse negada pelos fiéis Católicos para não ser louvada pelos priscilianistas mentirosos. Pois se as mentiras são justas, não qualquer mentira, mas as mentiras blasfemas, porque são feitas para se descobrirem os hereges ocultos; desse modo, se feitas com o mesmo espírito, poderiam ser castos também os adultérios. Com efeito, o que dizer se uma das numerosas mulheres impudicas dos priscilianistas lançar os olhos sobre um José católico e lhe prometer que haverá de revelar-lhe os esconderijos deles se lhe pedir um estupro, e estando certa de que, obtido o consenso dele, ela cumpriria o que havia prometido? Julgaremos que isso deva ser feito? Ou devemos entender que, de forma alguma, deve-se pagar tal preço por tão pequena recompensa? Por que, então, não nos permitimos encontrar os hereges e prendê-los oferecendo a carne em adultério, crendo-nos autorizados a fazê-lo pelo consentimento com a boca de prostituir-nos pela blasfêmia? De fato, ou devemos defender igualmente as duas coisas para poder dizer que elas não são injustas porque foram feitas com a intenção de deter os injustos. Ou se a sã doutrina não quer que nos misturemos com mulheres impudicas no corpo, não na mente, nem para encontrar os hereges e, também, não quer que para encontrar os hereges preguemos uma heresia impura, não apenas de coração, mas também com a boca, ou blasfememos a casta religião católica. Porque a própria decisão da mente, à qual deve servir todo o movimento inferior do homem, não fugirá a um digno opróbrio quando fizer o que não é conveniente que se faça, quer com um membro, quer com uma palavra. Embora, quando se faz com a palavra, faz-se, também, com um membro, porque a língua é o membro pelo qual se faz a palavra e nenhum de nossos membros realiza qualquer ato se antes não tiver sido concebido no coração; ou antes, pensando internamente e consentindo naquilo que já concebido, é realizado exteriormente por um membro. Por isso, o espírito não é absolvido do ato quando se diz que algo não é feito pelo espírito, o que, todavia, não seria feito se o espírito não decidisse fazê-lo.

Conforme a finalidade, alguns atos tornam-se bons ou maus, outros são um pecado por si mesmo: estes não devem ser feitos nem por qualquer finalidade boa.

7. 18. Certamente, interessa muito saber a causa, a finalidade e a intenção com que se faz alguma coisa: mas, as coisas das quais se sabe que são pecados, não devem ser feitas: nem para obter uma causa boa, por nenhuma boa finalidade, nem por uma intenção aparentemente boa. Na verdade, as obras dos homens, que não são pecados por si mesmas, ora são boas, ora são más, conforme tiverem causas boas ou más: assim, por exemplo, dar alimento aos pobres é uma obra boa se, com reta intenção, for realizada por misericórdia; também o relacionamento conjugal é bom se realizado para gerar filhos e com a intenção de regenerá-los pelo Batismo. Essas ações e muitas outras semelhantes são boas ou más segundo suas causas: porque se as mesmas obras tiverem causas más, mudam para pecado: por exemplo, se o pobre for alimentado por vanglória, ou se o homem se une à mulher para satisfazer a concupiscência; ou quando se geram filhos não para servirem a Deus, mas ao diabo. Porém, quando se trata de obras que por si mesmas são um pecado, como os furtos, os estupros, as blasfêmias, ou outras coisas semelhantes: Quem diz que podem ser feitas por causas boas, ou que não sejam pecados, ou, o que é absurdo, que sejam pecados justificados? Quem poderá dizer: Para termos o que dar aos pobres, roubemos as coisas dos ricos? Ou, demos falsos testemunhos, sobretudo, se daí não se lesam os inocentes, antes livram-se os culpados dos juízes que irão condená-los? De fato, por esse comércio de mentiras são alcançados dois bens: consegue--se dinheiro para sustentar o indigente e engana-se o juiz para que não puna o homem. E ainda, se pudermos, por que não fazemos desaparecer os testamentos verdadeiros e os substituímos por falsos, para que as heranças ou legados não caiam em mãos de indignos, que nada de bom fariam com eles; antes, sejam obtidos por aqueles que alimentam os famintos, vestem os nus, acolhem os peregrinos, libertam os prisioneiros, constroem igrejas? De fato, por que não fazem aqueles males para que venham esses bens, se, por causa desses bens, também aqueles não são males? Além disso, se algumas mulheres indecentes estiverem prontas até a pagar seus amantes e estupradores, por que um homem misericordioso não deveria aceitar essas partes e artes com as quais serve a uma causa tão boa para ter o que dar aos indigentes? E não ouça o Apóstolo que diz: *Aquele que furtava, não furte mais, antes ocupe-se, trabalhando com suas mãos em qualquer coisa honesta, a fim de ter o que dar ao que está em necessidade* (Ef 4,28).

Ora, se não só o próprio roubo, mas também o falso testemunho, o adultério e toda a ação má não for um mal, mas um bem, pois se faz com a intenção de ter com que fazer o bem, quem poderá dizer isso senão aquele que se propõe subverter as coisas, toda a moralidade e as leis humanas? De fato, qual é o delito mais criminoso, a ignomínia mais torpe, o sacrilégio mais ímpio do qual não se diga que pode ser feito correta e justamente? E se faz não só impunemente, mas também com glória e, ao perpetrá-lo, não só não se temem suplícios, mas, também, esperam-se prêmios se, uma vez apenas, concordarmos que em todas as ações dos homens não devemos procurar saber o que é feito, mas a intenção pela qual é feito. E, então, qualquer coisa que se vê ter sido feita por causas boas não pode ser julgada má? E se, merecidamente, a justiça pune o ladrão, também aquele que disser e demonstrar que tomou as coisas supérfluas do rico para oferecer o necessário ao pobre; se, merecidamente, pune o falsário, também aquele que disser ter corrompido o testamento alheio para que se tornasse herdeiro não aquele que não teria dado esmola alguma, mas aquele que daria esmolas generosas; se, merecidamente, pune o adúltero, também aquele que demonstrar ter cometido adultério por misericórdia, pois por aquela com a qual o cometeu, teria libertado o homem da morte; finalmente, para aproximar-nos do problema que realmente nos propomos, se, merecidamente, pune aquele que, consciente de sua torpeza, uniu-se em relação conjugal adulterina com alguma mulher dos priscilianistas para chegar aos esconderijos deles: peço-te, já que o Apóstolo diz: *Não entregueis ao pecado os vossos membros como armas de iniquidade* (Rm 6,13), por isso, não devemos entregar nem as mãos, nem os genitais do corpo, nem outros membros aos crimes para podermos encontrar os priscilianistas; afinal, que mal nos faz a língua, toda a nossa boca, o órgão da voz para apresentá-los como armas ao pecado e a tanto pecado como é blasfemar, sem a escusa da ignorância, contra o nosso Deus, para tirarmos os priscilianistas presos pelas blasfêmias da ignorância.

Pela intenção, uma coisa é pecado mais leve do que outra; todavia, não se deve fazer o mais leve, porque, muitas vezes, sendo de outro gênero, o pecado é mais grave.

8. 19. Alguém dirá: Portanto, deve-se comparar um ladrão qualquer àquele que rouba com a intenção de fazer obras de misericórdia? Quem diria isso? Mas, desses dois, um não seria bom porque o outro é pior. Realmente, é pior aquele que rouba por ganância do que aquele que rouba por misericórdia: porém, se todo o furto é pecado, devemos abster-nos de todo o furto. De fato, quem diria que se pode pecar, embora, um seja pecado condenável, o outro, pecado venial? Agora, queremos saber se alguém fez isso ou aquilo, quem não pecou ou quem pecou; não quem pecou mais grave ou mais levemente. Pois, na verdade, pela lei, os próprios furtos são punidos mais levemente do que os estupros: mesmo que ambos sejam pecados, embora um mais leve, o outro mais grave. Desse modo, considera-se mais leve o furto cometido pela ganância do que o estupro cometido para socorrer. Certamente, no seu gênero, esses pecados tornam-se mais leves do que os outros do mesmo gênero, que parece terem sido cometidos com boa intenção; todavia, quando comparados com pecados de outro gênero parecem ser mais graves do que os mais leves. Com efeito, é mais grave roubar por ganância do que por misericórdia; da mesma forma, é mais grave cometer estupro por luxúria do que por misericórdia: e, todavia, é mais grave cometer adultério por misericórdia do que roubar por avareza. Agora, porém, não se trata de saber o que é mais leve ou mais grave, mas que coisas são pecados ou quais não o são. Realmente, ninguém deveria dizer que é lícito pecar quando consta que algo é pecado: mas dizemos que se deve perdoar ou não se deve perdoar quando isso ou aquilo for pecado.

Os pecados compensativos nem devem ser admitidos. O fato de Lot, que ofereceu suas filhas aos estupradores Sodomitas.

9. 20. Na verdade, deve-se reconhecer que alguns pecados compensativos perturbam os espíritos humanos de tal forma que também, julga-se, devem ser louvados, ou antes, que sejam chamados de ações bem-feitas. Pois, quem duvidará que é um grande pecado se um pai prostitui suas filhas com fornicadores dos ímpios? E, todavia, existiu uma causa pela qual esse homem justo pensou que devia comportar-se assim quando os Sodomitas, movidos por um impulso criminoso, lançavam-se sobre seus hóspedes. Ele disse: *Tenho duas filhas que ainda são virgens; eu as trarei a vós e abusai delas como vos agradar, contanto que não façais mal algum a esses homens, porque se acolheram à sombra do meu teto* (Gn 19,8). Que diremos disso? Não nos horroriza aquele crime que os Sodomitas pretendiam fazer contra os hóspedes daquele homem justo que, qualquer coisa que ele fizesse para evitar que isso acontecesse, nós julgaríamos que deveria ser feito? Impressiona, sobretudo, a pessoa que realizava tal ação: pois, por mérito de sua justiça, Lot tenha sido salvo Sodoma da destruição. Pois, assim como é um mal menor o estupro cometido contra uma mulher do que o estupro cometido contra um homem, poder-se-ia dizer que fazia parte da justiça daquele homem justo também escolher que se abusasse de suas filhas e não dos seus hóspedes. E não quis isso apenas com o espírito, mas também o ofereceu pela palavra e, se eles tivessem aceitado, teria cumprido pela ação. Mas se abrirmos esse caminho aos pecados, de podermos cometer os menores para que os outros não cometam os maiores, com um limite tão amplo, ou até sem limite, mas tirados e removidos todos os limites, todos os pecados entrarão e reinarão pelo espaço infinito. Mas, quando for definido que um homem deve pecar menos, para que o outro não peque mais, na verdade, com nossos furtos serão evitados os estupros dos outros e com os estupros, os incestos; e se houver uma impiedade que nos pareça pior do que os incestos, diríamos que também os incestos devem ser cometidos se, dessa forma, pudermos conseguir que aquela impiedade não seja cometida por outros: e, em cada um dos tipos de pecados, crer-se-á lícito trocar furtos por furtos, incestos por incestos, sacrilégios por sacrilégios, os nossos pecados pelos pecados dos outros, não só os menores pelos maiores, mas também, para chegar ao extremo e ao mais grave, pecados em menor número por pecados em maior número; e

se o rumo das coisas andar assim que, de outra forma, os outros não se abstenham dos pecados, a não ser que pequemos menos, embora sempre pequemos; assim, estaríamos absolutamente nas mãos do inimigo que teria o poder de dizer: Se tu não fores um criminoso, eu serei mais criminoso, ou, se tu não cometeres esse crime, eu vou cometer muitos outros. E assim, parece-nos lícito cometer o crime se quisermos que o outro se abstenha do crime. Pensar dessa maneira, o que seria senão delirar, ou antes, enlouquecer? Na verdade, devo evitar a condenação que vem da minha culpa, não da culpa do outro, quer o mal seja perpetrado em mim, quer nos outros. Afinal, está escrito: *A alma que pecar, essa morrerá* (Ez 18,4).

Perturbados pelo temor, não devemos imitar o exemplo de Lot. Nem o exemplo de Davi, que jura diante da ira.

9. 21. Portanto, se é certo que não devemos pecar para que os outros não pequem contra nós nem contra os outros, devemos refletir sobre o que fez Lot, para saber se é um exemplo a ser imitado, ou antes, que devemos evitar. Contudo, parece que se deva considerar e notar mais o horrendo mal que, pela ignominiosíssima impiedade dos Sodomitas, caía sobre seus hóspedes, que Lot queria impedir, mas não conseguia; assim também o espírito daquele justo pôde ficar perturbado a ponto de querer fazer uma obra que, seguindo a nebulosa tempestade do medo humano e não a tranquila serenidade da lei divina que, se fosse consultada por nós, teria gritado que não se devia fazer; antes, ter-nos-ia ordenado que assim nos abstivéssemos de qualquer pecado nosso para que, de modo algum, não pecássemos por temor dos pecados que os outros poderiam cometer. Na verdade, temendo os pecados dos outros, que não podem manchar a não ser que neles se consinta, aquele homem justo não prestou atenção ao seu pecado, pelo qual quis entregar suas filhas às paixões dos ímpios. Quando nas Escrituras santas lemos tais coisas, não devemos crer que devamos fazê-las porque cremos que foram feitas, para não violarmos os preceitos quando servilmente imitamos os exemplos. Ou será que pelo fato de Davi ter jurado que iria matar Nabal, mas, em consideração à clemência, não o fez (cf. 1Sm 25,23-35), diremos, por isso, que ele deve ser imitado, para que, temerariamente, juremos fazer aquilo que depois veremos que não se deve fazer? Mas como o medo perturbou aquele que queria prostituir as filhas, assim a ira perturbou a Davi a jurar temerariamente. Finalmente, se nos fosse possível pedir a ambos que dissessem por que fizeram essas coisas, o primeiro responderia: *O temor e o tremor vieram sobre mim e as trevas me envolveram* (Sl 54,6); o segundo também poderia dizer: *Os meus olhos se turvaram por causa da ira* (Sl 6,8). Por isso, não devemos maravilhar-nos se o primeiro, envolto nas trevas do medo, e o segundo, tendo o olho turvado, não viram o que deveria ser visto para não fazerem o que não se deveria fazer.

O que Davi ou o próprio Lot deveriam fazer. Nem todas as coisas feitas pelos santos devem transformar-se em costumes.

9. 22. E, na verdade, ao santo Davi, com mais justiça, poderia ser dito que não deveria irar-se, embora o ingrato lhe tenha retribuído o bem com o mal; mas, mesmo que a ira surpreendesse o homem, certamente, não deveria prevalecer tanto de jurar que iria fazer aquilo que, se o fizesse, cometeria uma violência, ou, se não o fizesse, cometeria um perjúrio. Mas, àquele que se viu posto entre as libidinosas insânias dos Sodomitas, quem ousaria dizer: Mesmo se teus hóspedes que, por um violentíssimo sentimento de humanidade, fizeste entrar em tua casa fossem obrigados e oprimidos a suportar infâmias que só as mulheres sofrem, nada temas, nada te preocupe, não te espantes, não te horrorizes, não temas? Quem, mesmo companheiro desses criminosos, ousaria dizer tais coisas a um piedoso hospedeiro? Antes, com absoluta correção, diria: Faze o que puderes para não acontecer precisamente aquilo que temes: mas este temor não te force a fazer aquilo que tuas filhas não querem que lhes seja feito e faça que também tu sejas autor da maldade com os Sodomitas; mas, se não quiserem, sofram mediante os Sodomitas a violência que lhes fazes. Não cometas teu grande crime, por mais que te horrorize o crime alheio, pois, por maior que seja a diferença entre o teu crime e o alheio, este será teu, o outro é dos outros. A não ser, talvez, que para a defesa desse homem, alguém seja pressionado por essas angústias e diga: Já que é preferível sofrer do que cometer uma injúria, e aqueles hóspedes não iriam cometer uma injúria, mas a sofreriam, o homem justo preferiu que suas filhas, e não seus hóspedes, sofressem a injúria, porque, por direito, ele era senhor das filhas, e sabia que elas não pecariam se fizesse isso, porque, sem pecar pessoalmente, antes sofreriam um pecado ao qual não consentiram. Afinal, não foram elas que ofereceram para ser estuprado a favor daqueles hóspedes o corpo feminino em lugar do masculino, para não as tornar culpadas da coragem da concupiscência alheia, mas do consentimento de sua vontade. Nem o pai delas permitia que fosse feito isso com ele, já que tentavam fazê-lo com os hóspedes que ele não abandonava; embora, um mal cometido a uma pessoa seja menor do que um mal cometido a duas: mas resistia quanto podia para que ele próprio não se manchasse com o consentimento, ainda que o furor libidinoso prevalecesse sobre as forças do corpo;

todavia, não consentindo, ele não mancharia o do outro. Mas, nem ele pecava nas filhas que não pecaram, porque não as obrigou a pecar contra a vontade, mas levava a tolerar os que pecavam: como se oferecesse aos ímprobos os seus servos para serem mortos para que seus hóspedes não sofressem a injúria da morte. Não vou discutir sobre esse assunto, porque seria longo saber se o senhor usa corretamente seu direito de propriedade sobre seu servo se pode entregá-lo à morte, mesmo que seja inocente, para que seu amigo, também ele inocente, não seja maltratado em sua casa por violentos malfeitores. Porém, certamente, de modo algum, pode-se dizer que Davi, corretamente, deveria jurar que iria fazer aquilo que depois decidiria que não iria fazer. Donde se conclui que nem tudo aquilo que lemos ter sido feito por santos e justos homens, nós podemos transformar em costumes; mas daí também podemos aprender quão longe e até onde pode chegar aquilo que diz o Apóstolo: *Irmãos, se algum homem for surpreendido em algum delito, vós, que sois espirituais, admoestai-o com espírito de mansidão, refletindo cada um sobre si mesmo, para não cair também em tentação* (Gl 6,1). Com efeito, essas são preocupações nas quais se comete um erro, quer não vendo o que na hora se deve fazer, quer vendo, e se deixar vencer, isto é, quando se comete um pecado porque a verdade não aparece ou porque se é forçado pela fraqueza.

Exemplos buscados nas Escrituras para julgar a mentira. Uma coisa é ocultar a verdade, outra é proferir mentiras. Defende-se a mentira de Abraão e de Isaac.

10. 23. Porém, de todos os nossos atos, os que mais perturbam, também os homens bons, são os pecados compensativos, de modo que nem são considerados pecados se tiverem tais causas pelas quais são cometidos que mais parece que se peca se não forem cometidos. E isso, na opinião dos homens, prevaleceu especialmente em relação às mentiras, que já não se consideravam pecados e até acreditava-se que eram ações corretas, quando alguém mentisse para que o enganado obtivesse algum benefício, ou para não prejudicar os outros aquele que parece intencionado a prejudicar, a não ser que se evite por mentiras. Para defender esse tipo de mentiras, crê-se poder recorrer a muitos exemplos das santas Escrituras. Porém, ocultar a verdade não é a mesma coisa que proferir uma mentira. Pois, embora todo aquele que mente quer esconder o que é verdade, todavia, nem todo aquele que quer esconder a verdade, mente. De fato, muitas vezes não ocultamos a verdade mentindo, mas calando. Por isso, também, não mentiu o Senhor quando disse: *Tenho ainda muitas coisas a dizer-vos, mas vós não as podeis compreender* *agora* (Jo 16,12). Calou a verdade àqueles que julgou menos preparados para ouvir coisas verdadeiras, mas não falou nenhuma falsidade. Se ele não lhes tivesse dito isso, isto é, que eles não eram capazes de compreender aquilo que ele não lhes quis dizer, sem dúvida, teria ocultado parte da verdade, mas, talvez, nós não poderíamos saber que isso se pode fazer de forma correta, ou, ao menos, não poderíamos apoiar-nos nesse exemplo. Por isso, quem afirma que às vezes pode-se mentir, não menciona que Abraão fez isso com Sara, quando disse ser sua irmã. Pois não disse: Não é minha mulher; mas disse: É minha irmã; afinal, era tão próxima no parentesco que, sem mentir, poderia ser chamada de irmã. Isso se confirmou quando ela lhe foi restituída por aquele que a levara e, respondendo-lhe, disse: *Verdadeiramente, ela é minha irmã, filha de meu pai, mas não de minha mãe* (Gn 20,2.12), isto é, pelo lado paterno, não pelo lado materno. Portanto, calou alguma coisa verdadeira, mas não disse nada de falso quando calou que era mulher e disse que era irmã. Isso foi feito também por seu filho Isaac, pois sabemos que também ele escolheu uma parente por esposa (cf. Gn 26,7; 24). Portanto, não é mentira quando, ao calar, esconde-se a verdade, mas quando, ao falar, profere-se o que é falso.

O ato de Jacó não é mentira. Tropos não são mentiras. Por isso, há metáforas, antífrases e tropos nas Escrituras.

10. 24. Porém, o que fez Jacó que, instigado pela mãe, parece ter enganado o pai, se for considerado diligente e fielmente, não é mentira, mas mistério. Pois, se dissermos que isso é mentira, então, todas as parábolas e as figuras que se usam para significar qualquer outra coisa, que não são entendidas em sentido próprio, mas, naquelas coisas deve-se entender outras coisas, dever-se-ia chamá-las de mentiras; mas isso, simplesmente, não pode acontecer, pois, quem pensa assim, tende a lançar uma calúnia sobre todas as figuras de linguagem e muitas locuções; de maneira que, também, as metáforas, isto é, a transposição do sentido de uma palavra para outro que não lhe é próprio, poderiam, com razão, chamar-se de mentira. Ora, quando dizemos que as messes ondeiam, que as videiras lançam gemas, que a juventude é florida, que os cabelos do velho são de neve, sem dúvida, porque não encontramos ondas, gemas, flores, neve nas coisas para as quais transferimos essas palavras, nem por isso devemos considerá-las mentira. E se dizemos que Cristo é pedra (cf. 1Cor 36,26), ou ainda que Cristo é um leão (cf. Ap 5,5) e que também o diabo é leão

(cf. 1Pd 5,8) e inúmeras coisas semelhantes, dever-
-se-á dizer que é mentira? E o que dizer dessa locução trópica, que chega até a chamar-se antífrase,
quando se diz que é abundante o que não existe,
diz-se ser doce o que é amargo, chamar de bosque
luminoso aquele que não brilha e de indulgente
quem não perdoa? Daí, aquilo que está nas santas
Escrituras: *Vejamos se não há de abençoar-te na face*
Jó 2,5), que o diabo disse ao Senhor a respeito
de Jó e se deve entender: Se não te amaldiçoar. A
mesma palavra foi usada pelos caluniadores para
apresentar o falso delito de Nabot. De fato, disseram que ele havia abençoado o rei (cf. 1Rs 21,13),
isto é, que o havia amaldiçoado. Todas essas
maneiras de falar serão julgadas mentiras se a
locução e a ação figurada forem consideradas
mentira. Porém, se não é mentira quando, para
a compreensão da verdade, uma coisa se refere à
substância da outra, de fato, não só o que Jacó fez
ou disse ao pai para ser abençoado (cf. Gn 27,19),
mas também, nem o que José falou aos irmãos
como que para enganá-los (cf. Gn 42,9), nem Davi
quando simulou estar louco (cf. 1Sm 21,13), nem
outras coisas semelhantes devem ser consideradas mentiras, mas locuções e ações proféticas que
devem referir-se para compreender a verdade e,
pelo fato de estarem ocultas sob os véus simbóli-
cos, devem piedosamente excitar o espírito do investigador, para não perderem o

valor ao serem apresentadas nuas e prontas. Pois, embora em outros lugares aprendamos as coisas aberta e claramente, quando elas forem tiradas de seus esconderijos, é como se, em nossa consciência, se renovassem e, renovadas, se adoçassem. E pelo fato de serem coisas obscuras, não impede que os que aprendem as revelem, mas são mais recomendadas para que, quase ocultas, sejam desejadas com mais ardor e, desejadas, sejam encontradas com mais prazer. Todavia, essas palavras dizem coisas verdadeiras, não falsas, porque significam coisas verdadeiras, não falsas, seja pela palavra, seja pela ação e, na verdade, dizem aquilo que significam. Porém, são consideradas mentiras porque não se entendem as coisas que significam, ou o que dizem, mas, crê-se que são falsas as coisas que são ditas. Para que, pelos exemplos, isso fique mais claro, presta atenção ao que fez o próprio Jacó. Certamente, cobriu os membros com peles de cabrito e, se buscarmos a causa próxima, julgaremos que mentiu; de fato, fez isso para que pensassem ser quem ele não era: mas se referirmos o fato ao significado real pelo qual foi realizada a ação, veremos que as peles de cabrito são o símbolo dos pecados e a pessoa que se cobre com elas é símbolo de quem não tomou sobre si os próprios pecados, mas os pecados dos outros. Portanto, de modo algum pode-se realmente dizer que o verdadeiro significado seja mentira. E o que se diz da ação, deve-se dizer também das palavras, pois quando o pai lhe diz: *Quem és tu, meu filho?* Ele respondeu: *Eu sou Esaú, teu primogênito* (Gn 27,16-19). Se isso se refere àqueles dois gêmeos, parece uma mentira, mas se estas ações e palavras forem entendidas no significado pelo qual foram escritas, aqui, isso deve ser entendido no seu corpo, que é sua Igreja que, ao falar dessas coisas, diz: *Quando virdes Abraão, Isaac, Jacó e todos os profetas no reino de Deus, mas vós serdes expulsos para fora. Virão muitos do oriente, do ocidente, do norte, do sul e se sentarão à mesa no reino de Deus. Então, os que são últimos serão os primeiros e os que são os primeiros serão os últimos* (Lc 13,28-30). De fato, assim, de certo modo, o irmão menor tirou a primogenitura do irmão maior e a transferiu para si. Por isso, sendo coisas tão verdadeiras e com significado tão veraz, o que se deve julgar que aqui tenha sido feito de maneira mentirosa? Realmente, as coisas que são significadas, nem por isso estão sem a verdade, mas são ou passadas, ou presentes, ou futuras; seu significado, sem dúvida, é verdadeiro, não há mentira alguma. Mas, neste significado profético, seria longo demais analisar todas as coisas relacionadas, nas quais a verdade tem a palma, porque, assim como foram preanunciadas para significar, da mesma forma brilharam para se cumprir.

O tríplice modo de debater contra aqueles que querem usar as divinas Escrituras como justificativas para suas mentiras.

11. 25. Com esse discurso não me propus aquilo que pertence mais a ti, que revelaste os esconderijos dos priscilianistas no que se refere a seus dogmas falsos e perversos, para não parecer que são investigados, como se devessem ser ensinados e não refutados. Portanto, faze antes que fiquem vencidas por terra as coisas que, reveladas, fizeste aparecer, para não acontecer que, enquanto queremos chegar à investigação dos homens mentirosos, deixemos que suas falsidades continuem como insuperáveis; pois, é melhor destruir as falsidades que se escondem nos corações, do que, poupando as falsidades, encontremos os mentirosos. Além disso, entre seus dogmas que devem ser destruídos, está também aquele pelo qual afirmam que, para ocultar a religião, os religiosos devem mentir, e isso, não somente em relação às outras coisas que não se referem à doutrina da religião, mas deve-se mentir, também, sobre a própria religião para que não fique exposta a estranhos; por exemplo, pode-se negar a Cristo para que o cristão possa ficar escondido entre seus inimigos. Peço-te, pois, que destruas, também, esse dogma ímpio e infame, porque, para construir, os argumentantes

recolhem testemunhos da Escrituras, pelos quais parece que as mentiras não só devem ser perdoadas e toleradas, mas também honradas. Portanto, ao refutar essa detestável seita, compete a ti mostrar que esses testemunhos das Escrituras devem ser interpretados de tal forma que, ou ensinas não existiram as mentiras que julgam existir, se as Escrituras forem entendidas do modo pelo qual são entendidas; ou que não devem ser imitadas as coisas que claramente são mentiras; ou, certamente, em um caso extremo, ao menos nas coisas que se referem à doutrina da religião, simplesmente não se deve mentir. Assim, então, certamente os hereges são radicalmente destruídos quando se destrói seu esconderijo: por isso mesmo, são julgados menos aptos a serem seguidos e são evitados com mais cuidado, porque, para ocultar sua heresia, confessam ser mentirosos. O que neles deve ser combatido em primeiro lugar é esta como que sua idônea fortaleza que deve ser ferida e derrubada com golpes da verdade. Nem se deve fornecer-lhes outro esconderijo, onde se refugiarem, se antes não o tinham: para que, se, por acaso, forem descobertos por aqueles que procuravam seduzir, e não puderam, digam: Quisemos tentá-los, porque alguns prudentes católicos nos ensinaram que assim se devia fazer para encontrar os hereges. Mas, agora, é conveniente dizer-te, de maneira mais explícita, porque este me parece o tríplice modo de debater contra aqueles que querem usar as divinas Escrituras como justificativa para suas mentiras: primeiramente, mostremos que algumas coisas que se consideram mentiras, realmente não o são, se forem corretamente entendidas; depois, se ali houve alguma manifesta mentira, não deve ser imitada; em terceiro lugar, contra todas as opiniões de todos aos quais parece que, às vezes, por ofício do homem bom, é consentido que se minta, todavia, mantenha-se firme que, em matéria de doutrina da religião, de modo algum deve-se mentir. Recomendei-te essas três regras pouco antes e, de algum modo, as impus.

Alguns exemplos de verdadeiras mentiras das velhas Escrituras, do Novo Testamento, porém, nada se mostra.

12. 26. Portanto, para demostrar que algumas coisas que são consideradas mentiras nas Escrituras, não são o que delas se pensa, se forem corretamente compreendidas, não te pareça que contra eles seja de pouco valor aquilo que, como exemplos de mentira, não se encontra nos escritos apostólicos, mas nos proféticos. Na verdade, todas as coisas liberalmente nomeadas que naqueles livros se leem e parece que alguém mentiu, foram escritas de modo figurado, não só os ditos, mas também os fatos, porque também aconteceram de modo figurado. Nas figuras, porém, o que parece ser dito como mentira, se bem entendido, vê-se que é verdade. Mas os apóstolos falaram de uma maneira em suas epístolas, de outra maneira foram escritos os Atos dos Apóstolos, e isso para revelar no Novo Testamento o que se escondia nas figuras proféticas. Finalmente, em tantas epístolas apostólicas e no próprio grande livro em que seus atos são narrados com verdade canônica, não se encontra ninguém que minta, de modo que se possa propor como exemplo que permite a mentira. Pois, com razão, foi repreendida e corrigida aquela simulação de Pedro e Barnabé pela qual obrigavam os pagãos a se comportarem como os judeus, para não prejudicar os contemporâneos, nem aos pósteros servisse de exemplo a ser imitado. Ora, vendo que não agiam corretamente segundo a verdade do Evangelho, diante de todos, o Apóstolo Paulo disse a Pedro: *Se tu, sendo judeu, vives como gentio e não como judeu, por que obrigas os gentios a agirem como judeus?* (Gl 2,13-14). E o que ele fez, isto é, manteve algumas legítimas observâncias judaicas para não se mostrar inimigo da Lei e dos Profetas, de modo algum devemos pensar que o tenha feito de maneira mentirosa. Realmente, sobre esse assunto, sua opinião é bastante conhecida, pois, por meio dela fora estabelecido que aos judeus que, então, acreditavam em Cristo não se proibissem as tradições dos pais, nem a elas fossem obrigados os gentios que se tornassem cristãos: para não fugirem dos sacramentos, que foram divinamente prescritos, como se fossem sacrilégios, nem pensariam que eram tão necessários, uma vez revelado o Novo Testamento, que sem elas não poderiam salvar-se os que se convertessem a Deus. Ora, havia aqueles que julgavam e pregavam isso, embora já tivessem recebido o Evangelho de Cristo, e Pedro e Barnabé, simuladamente, haviam consentido nisso; por isso, obrigavam os gentios a agirem como judeus. Pois, obrigar era pregar que as observâncias judaicas eram tão necessárias que, após acolher o Evangelho, sem elas não haveria salvação em Cristo. Este era o erro que alguns defendiam, este, o temor que Pedro simulava, esta, a liberdade que Paulo mostrava. Portanto, quando disse: *Fiz-me tudo para todos, para salvar a todos* (1Cor 9,20), fez isso por compaixão, não por mentira. De fato, alguém se torna como aquele a quem quer socorrer quando socorre com tanta misericórdia como gostaria que fosse socorrido se, também ele, estivesse na mesma miséria. Por isso, faz como ele, não porque se quer enganar, mas porque imagina a si como ele. A isso referem-se as palavras do Apóstolo já acima recordadas: *Irmãos, se algum homem foi surpreendido em algum delito, vós, que sois espirituais, admoestai-o com espírito de mansidão, refletindo cada um sobre si mesmo, para não cair também em tentação* (Gl 6,1). Mas, se porque disse: *Fiz-me judeu com os judeus, com os que estavam sob a Lei como se estivesse sob a Lei* (1Cor 9,20-21), nem por isso deve-se crer que ele aceitou de forma mentirosa os sacramentos da antiga Lei: porque, então, mentindo do mesmo modo, deveria aceitar a idolatria dos gentios, porque disse também que se fez sem Lei, para ganhar aqueles que estavam sem Lei: o que, certamente, não fez. De fato, em lugar algum sacrificou aos ídolos ou adorou aquelas imagens; antes, como mártir de Cristo, livremente mostrou que tais práticas deviam ser detestadas e evitadas. Portanto, nenhum dos atos ou palavras dos apóstolos podem ser apresentados por estes como exemplo de mentira a ser imitado. Porém, parece-lhes que dos fatos e dos ditos proféticos têm algo a apresentar, porque consideram serem mentiras as figuras proféticas, já que, às vezes, são semelhantes às mentiras. Mas, quando os fatos e os ditos são relacionados às coisas das quais são símbolo, ver-se-á que os símbolos são verdadeiros e, por isso, de modo algum são mentiras. Afinal, mentira é a falsa significação com a vontade de enganar. Mas não existe falsa significação, embora através de uma coisa indica-se outra e, todavia, é verdadeiro o que se quer significar, se for corretamente entendido.

Separam-se passagens do Evangelho que parecem apoiar a mentira.

13. 27. No Evangelho do Salvador existem também algumas coisas nas quais o próprio Senhor dignou-se ser o Profeta dos Profetas. Entre estas, estão as palavras que disse à mulher que sofria de fluxo de sangue: *Quem me tocou?* (Lc 8,45) e sobre Lázaro: *Onde o pusestes?* (Jo 11,34) Na verdade, perguntou assim, como se não soubesse o que realmente sabia. Por isso, fingiu não conhecer para que sua ignorância tivesse outro significado: e porque a significação era verdadeira, simplesmente não era mentira. Por isso, tanto aquela que sofria de fluxo de sangue quanto aquele que estava morto há quatro dias representavam aqueles que, de algum modo, não conheciam aquele que tudo sabia. De fato, tanto aquela mulher representava os povos dos gentios e, então, fora predita a profecia: *Um povo que eu não conhecia me serviu* (Sl 17,45), quanto Lázaro, separado dos vivos, como por uma semelhança simbólica jazia ali onde está a voz: *Fui expulso de diante de teus olhos* (Sl 30,23). E assim, como se Cristo não soubesse quem era ela, nem onde puseram o outro, nas palavras de quem perguntou está simbolizada e, por essa significação verdadeira, evitada toda a mentira.

Simbolicamente, Cristo fingiu não saber o que sabia. Também, profética e figuradamente, fingiu ir mais adiante.

13. 28. Aqui vem também o que lembraste que eles dizem: que o Senhor Jesus, depois da ressurreição, andava pelo caminho com dois discípulos e, aproximando-se da vila para onde iam, ele fingiu ir mais adiante. Por isso, o evangelista diz: *Ele, porém, fingiu ir mais adiante* (Lc 24,28); e, também, usou a mesma palavra com a qual os mentirosos se divertem para mentir impunemente, como se fosse mentira tudo o que se finge, quando se fingem tantas coisas para significar outras realidades diferentes. Portanto, se, ao fingir que ia mais adiante, Jesus nada mais quisesse indicar, com razão, poder-se-ia julgar que estava mentindo; na verdade, porém, se for bem entendido e for referido àquilo que ele queria indicar, vê-se que é um mistério. Caso contrário, serão mentiras todas as coisas que, por terem alguma semelhança com as coisas figuradas, se não aconteceram, são narradas como se tivessem acontecido. Assim é a tão prolixa narração dos dois filhos de um homem: o mais velho que permaneceu junto ao pai e o mais novo que viajou para mais longe (cf. Lc 15,11-32). Nesse tipo de fingimento, os homens foram adiante, atribuindo fatos e ditos humanos a animais irracionais e a coisas inanimadas, para que, através de narrações fictícias, mas com significações verdadeiras, indicassem mais fortemente o que queriam. Assim, entre os autores da literatura secular, como em Horácio, o rato fala com o rato, a doninha, com a raposa, para que, através da narração fictícia se chegue ao verdadeiro sentido do tema em questão (Horácio, *Serm.* 2,6; *Epist.* 1,7); por isso, também Esopo (Esopo, *Fábulas*), narrou fábulas com o mesmo objetivo e não houve ninguém tão ignorante que as julgasse mentiras: mas também nas Letras sagradas, como no Livro dos Juízes, as árvores procuram um rei para si, e falam com a oliveira, a figueira, a videira e o espinheiro (cf. Jz 9,8-15). É toda uma narração fictícia que tende a um objetivo que é, através de uma narração fictícia, chegar não a uma mentira, mas a um significado verdadeiro. Disse isso por causa daquilo que está escrito sobre Jesus: *Ele fingiu ir mais adiante*, para que, por essas palavras, ninguém, como os priscilianistas, queira considerar lícita a mentira, sobretudo defendendo que Cristo teria mentido. Mas quem quiser entender o que ele prefigurou com esse fingimento, preste atenção ao que fez nos atos seguintes. Porque depois, foi mais adiante, acima de todos os céus e, todavia, não abandonou seus discípulos, pois, para significar o que depois faria com poder divino, fingiu fazê-lo no presente com um gesto humano. E, por isso, a verdadeira significação está prenunciada naquele fingimento, porque nesta sua partida está a verdade da significação que se seguiu. Por isso, só defende que Cristo mentiu com seu fingimento quem negar aquilo que ele cumpriu ao realizar aquilo que significou.

Exemplos da Escritura antiga, se ali se narrarem mentiras dos homens, não devem ser imitadas.

14. 29. Portanto, porque os hereges mentirosos não encontram nos escritos do Novo Testamento exemplos de mentira a serem imitados, e porque julgam que, nesta disputa pela qual é lícita a mentira, existem numerosíssimos exemplos nos Livros proféticos do Antigo Testamento, e porque ali aqueles feitos e ditos aos quais se referem não aparecem de maneira clara a não ser aos poucos que entendem o seu significado, eles acreditam encontrar e descobrir ali muitas mentiras. Mas, desejando ter modelos nos quais se esconder como exemplos de enganar, enganam-se a si mesmos e sua iniquidade mente a si próprios (cf. Sl 26,12). Mas aquelas pessoas nas quais não se deve crer que quisessem profetizar, quando por ditos e fatos desejavam enganar, embora seus atos e palavras tenham em si um sentido profético, semeado e disposto previamente pela onipotência daquele que soube também tirar o bem dos males dos homens, todavia, em relação ao que elas disseram, não há dúvida de que mentiram. Mas isso não significa que devam ser imitadas porque se encontram naqueles Livros que, com razão, são chamados santos e divinos, pois neles estão escritas as coisas más e boas dos homens, aquelas para serem evitadas, estas para serem seguidas: e algumas coisas estão ali para que nos sirva de sentença, outras, tacitamente, nos são deixadas como juízo, porque não só devemos alimentar-nos com as coisas manifestas, mas também é oportuno que nos exercitemos nas obscuras.

Para não imitar a fornicação de Judá, nem a mentira de Tamar.

14. 30. Ora, por que estes julgam que deviam imitar a mentira de Tamar e julgam que não se deve imitar a fornicação de Judá? (cf. Gn 38,14-18). Pois ali leram ambas as coisas e a nenhuma delas a Escritura culpou ou louvou: mas, somente narrou a ambas e as deixou para nós fazermos o juízo de ambas: mas, seria de admirar que permitisse imitá-las impunemente. Ora, sabemos que Tamar mentiu não por paixão libidinosa, mas pela vontade de conceber. E a fornicação, embora o ato de Judá não tenha sido isso, pode ser que alguém o faça para libertar um homem, como aquela mentira foi para que um homem fosse concebido; então, dever-se-ia fornicar se por causa disso fosse permitido mentir? Por isso, devemos considerar que juízo devemos emitir não só sobre a mentira, mas também sobre todos os atos dos homens nos quais existem como que pecados compensativos, para não abrirmos a porta para alguns pecados menores, mas também para todos os crimes, pois não pode haver crime, infâmia ou sacrilégio no qual não possa existir algo que não subverta toda a probidade de vida.

A mentira é sempre injusta, já que é pecado e contrária à verdade.

15. 31. Porém, não se deve julgar de outro modo aquele que afirma existirem algumas mentiras justas, a não ser que existam pecados justos e, por isso, que são justas algumas coisas que são injustas: o que pode ser mais absurdo do que isso? Afinal, o que é um pecado senão aquilo que é contrário à justiça? Diga-se, então, que existem pecados grandes e pecados pequenos; é verdade, e não devem ser ouvidos os Estoicos, que dizem que todas as coisas são iguais: mas, dizer que alguns pecados são injustos e alguns são justos, que é senão dizer que algumas iniquidades são injustas e outras são justas? Já que o Apóstolo João diz: *Todo aquele que comete pecado, pratica também a iniquidade, porque o pecado é uma iniquidade* (1Jo 3,4). Portanto, o pecado não pode ser justo, a não ser que demos o nome de pecado a algo que não o é, no qual alguém não peca, mas faz algo ou sofre pelo pecado. Pois, tanto os sacrifícios pelos pecados são chamados de pecados quanto as penas dos pecados, às vezes, são chamadas de pecados. Na verdade, estes podem ser entendidos como pecados justos, já que os sacrifícios são justos e as punições são justas. Mas, as coisas que se fazem contra a lei de Deus não podem ser justas. Afinal, foi dito a Deus: *Tua lei é a verdade* (Sl 118,142). E, por isso, o que é contra a verdade não pode ser justo. Ora, quem duvida que toda a mentira é contra a verdade? Portanto, nenhuma mentira pode ser justa. Assim, quem não tem certeza de que tudo o que é justo vem da verdade? Mas João diz: *Nenhuma mentira vem da verdade* (1Jo 2,21). Portanto, toda a mentira não é justa. Por isso, quando pelas Escrituras santas nos são propostos exemplos de mentiras, ou não são mentiras, mas acredita-se que sejam porque não são compreendidos, ou se são mentiras não devem ser imitados, porque não podem ser justos.

Com as parteiras Hebreias e com Raab não se remuneraram os erros, mas a benevolência.

15. 32. Porém, quando está escrito que Deus teria feito o bem às parteiras Hebreias (cf. Ex 1,17-20) e a Raab, a meretriz de Jericó (cf. Js 2; 6,25), isso não aconteceu porque elas mentiram, mas porque usaram de misericórdia com os homens de Deus. Por isso, nelas não foram remunerados os seus erros, mas a benevolência, a benignidade da mente, não a iniquidade de quem mentiu. Pois, como não seria de admirar nem absurdo que Deus quisesse perdoar as obras más cometidas no tempo anterior por causa das obras boas feitas posteriormente, assim não é de admirar que Deus, vendo em um mesmo tempo e em uma única causa as duas coisas, isto é, o ato de misericórdia e o fato de enganar, tanto remunerou o bem quanto, por causa desse bem, perdoou aquele mal. De fato, se os pecados que se cometem pela concupiscência da carne, não por misericórdia, são perdoados por causa das obras de misericórdia, por que não são perdoados, por mérito da misericórdia, aqueles que são cometidos por causa da própria misericórdia? Pois é mais grave o pecado cometido com a intenção de prejudicar do que o pecado cometido com a intenção de ajudar. E, por isso, se aquele é perdoado por obras de misericórdia feitas subsequentemente, por que este que é mais leve não é perdoado pela própria misericórdia do homem, tanto se precede o ato de pecar quanto se é concomitante ao pecado? Assim, pode-se considerar: na verdade, uma coisa é dizer: Sem dúvida, eu não devia pecar, mas farei obras de misericórdia com as quais apagarei o que antes pequei; outra coisa é dizer: Devo pecar, porque, caso contrário, não posso usar de misericórdia. Por isso, afirmo que uma coisa é dizer: Pequemos para fazer o bem. Ali se diz: Façamos o bem, porque fizemos o mal; aqui, porém, se diz: *Façamos o mal para que venham coisas boas* (Rm 3,8). E, por isso, ali deve-se esvaziar a fonte do pecado, aqui devemos precaver-nos contra uma doutrina de pecar.

As tarefas eternas e imortais não devem ser buscadas por nenhuma mentira.

15. 33. Assim, resta que compreendamos que aquelas mulheres, quer no Egito, quer em Jericó, receberam uma recompensa por sua humanidade e misericórdia, certamente temporal, mas capaz de prefigurar algo eterno mediante um significado profético por elas ignorado. Mas, se alguma vez, até para a salvação de uma pessoa, deve-se mentir, é um problema que os mais doutos lutam por resolver e excede muito àquelas mulheres crescidas naqueles povos e acostumadas àqueles costumes. Por isso, a paciência de Deus sustentava esta sua ignorância, como outras coisas que igualmente desconheciam, e não devem ser sabidas pelos filhos deste mundo, mas do mundo futuro: e, todavia, por causa da benignidade humana que mostraram a seus servos, concedia-lhes recompensas terrenas, mas que continham algum significado celeste. E, de fato, libertada de Jericó, Raab passou a pertencer ao povo de Deus, no qual pudesse progredir para chegar a tarefas eternas e imortais, que jamais poderiam ser alcançadas com a mentira.

Talvez, às vezes, bons homens poderiam mentir para a salvação do outro.

16. 33. Agora, todavia, quando Raab prestou aos exploradores Israelitas aquela obra boa e louvável por sua condição de vida, ainda não era tal para dela se exigir: *Esteja em vossa boca: sim, sim; não, não* (Mt 5,37). Mas aquelas parteiras Hebreias, embora julgassem somente segundo a carne, de que e quanto lhes serviria a remuneração temporal, porque fizeram casas para si, a não ser que progredindo pertencessem àquela casa da qual canta-se a Deus: *Bem-aventurados os que habitam em tua casa, louvar-te-ão pelos séculos dos séculos?* (Sl 83,5). Mas deve-se reconhecer que se aproxima muito da justiça, embora não da própria realidade; todavia, já pela esperança e disposição, deve ser louvado o espírito que nunca mente a não ser com a intenção pela qual quer ser útil a alguém, mas sem prejudicar a ninguém. Mas nós, quando perguntamos se bons homens, por vezes, podem mentir, não perguntamos sobre o homem que ainda pertence ao Egito, ou a Jericó, ou à Babilônia, ou ainda à própria Jerusalém terrena, que serve com seus filhos, mas sobre o cidadão daquela cidade que acima é livre, a nossa mãe eterna nos céus (cf. Gl 4,25-26). E a nós que perguntamos, responde-se: *Toda a mentira não vem da verdade* (1Jo 2,21). Porém, os filhos daquela cidade são filhos da verdade. E sobre os filhos dessa cidade está escrito: *Em sua boca não se encontrou mentira alguma* (Ap 14,5). O filho dessa cidade é aquele do qual também está escrito: *O filho que guarda a palavra está muito longe da perdição; recebendo-a, porém, recebe-a para si e nada de falso sairá de sua boca* (Pr 29,27). Se desses filhos da Jerusalém celeste, da eterna e santa Cidade, sendo homens, sair alguma mentira, humildemente, pedem perdão, e daí não buscarão uma glória maior.

As parteiras Hebreias e Raab teriam agido melhor não querendo mentir.

17. 34. Mas, se alguém disser: Portanto, aquelas parteiras e Raab teriam agido melhor se, não querendo mentir, não usassem de nenhuma misericórdia? E até aquelas mulheres Hebreias, se estivessem entre aqueles às quais perguntamos se, às vezes, lhes era lícito mentir, não diriam algo falso e livremente recusar-se-iam a cumprir a detestável tarefa de matar as crianças. Mas, dirás, elas próprias morreriam. E veja as consequências: De fato, morreriam com uma recompensa incomparavelmente maior de habitação celeste do que aquelas casas que puderam fazer para si na terra. E morreriam para desfrutar na felicidade eterna a morte sofrida por uma inocentíssima verdade. E o que dizer daquela em Jericó? Poderia fazer o mesmo? Se mentindo não enganasse os cidadãos que perguntavam, dizendo a verdade poderia entregar os hóspedes que estavam escondidos? Ou poderia dizer aos que interrogavam: Sei onde estão, mas temo a Deus e não os entrego? Na verdade, poderia dizer isso se já fosse uma verdadeira *Israelita em quem não há dolo* (Jo 1,47), o que, no futuro, por misericórdia de Deus seria ir para a cidade de Deus. Porém, tu dirias, tendo ouvido isso, eles a matariam e vasculhariam a casa. Mas, seria certo que eles encontrariam aqueles que ela ocultara com diligência? Pois, a prudentíssima mulher previa isso e os pôs onde pudessem ficar escondidos mesmo que não acreditassem em suas mentiras. Assim, também ela, se fosse morta por seus cidadãos por causa das obras de misericórdia teria terminado esta vida mortal com uma morte preciosa aos olhos do Senhor (cf. Sl 115,15) e, para eles, seu benefício não teria sido em vão. Mas dirás o que aconteceria se aqueles que procuravam, vasculhando tudo, chegassem ao lugar em que os ocultara? Isso pode ser dito desse modo: O que aconteceria se não quisessem crer em uma mulher muito vil e torpe, não só quando mentia, mas também quando cometia perjúrio? Realmente, ainda assim teria conseguido aquilo que temendo havia mentido. E onde pomos a vontade e o poder de Deus? Ou será que não podia proteger tanto a mulher para não mentir a seus cidadãos, nem trair os homens de Deus quanto aqueles que eram dos seus de toda a desgraça? Pois aquele que os tinha protegido, mesmo após a mentira da mulher, poderia tê-los protegido embora ela não tivesse mentido. A não ser que, talvez, tenhamos esquecido o que aconteceu em Sodoma, onde alguns homens inflamados pela vergonhosa paixão contra os homens nem sequer puderam encontrar a porta da casa na qual estavam aqueles que procuravam, quando um homem justo, em uma causa absolutamente semelhante, não quis mentir em favor de seus hóspedes, que não sabia serem anjos, mas temia que sofressem uma violência pior do que a morte. E, certamente, teria podido responder aos que perguntavam a mesma coisa que respondeu em Jericó aquela mulher, já que a ele perguntavam de forma semelhante. Mas o homem justo não quis que, para salvar o corpo de seus hóspedes, fosse manchada a sua alma com uma mentira; mas, para eles preferiu que fossem violentados os corpos de suas filhas pela iniquidade da paixão dos estranhos (cf. Gn 19,5-11). Portanto, faça o homem o que puder para a salvação temporal dos homens, mas quando chegar a este ponto de não poder prever tal salvação a não ser pecando, julgue-se não ter o que fazer quando vir que o que lhe resta fazer não deve fazer corretamente. Por isso, a Raab em Jericó seja louvada e deve ser imitada pelos cidadãos da Jerusalém celeste, porque hospedou os homens peregrinos de Deus, porque ao acolhê-los correu um grande perigo, porque acreditou no Deus deles, porque os ocultou com diligência quanto pôde, porque lhes deu o fidelíssimo conselho de voltar por outro caminho. Porém, pelo fato de ter mentido, embora inteligentemente ali se exponha algo profético, todavia sabiamente não se propõe para ser imitado: embora Deus tenha honrado, memoravelmente, aqueles bens e, clementemente, tenha perdoado o mal.

Regra pela qual devem ser redigidas as coisas que nas Escrituras são ditas como exemplos de mentira.

17. 35. Sendo assim, porque seria longo demais tratar de todas as coisas que foram postas naquela Libra de Dictínio como exemplos de mentira a serem imitados, na minha opinião, deve-se aplicar esta regra não só nessas coisas, mas também em todas as outras semelhantes a estas, porque se se crê que aconteceu assim, deve-se mostrar que não é uma mentira, ou se se cala a verdade, não se diga o que é falso, ou onde o verdadeiro significado quer ser compreendido de modo diverso, pois de ditos e de fatos com valor figurado estão cheios os Escritos proféticos: ou as coisas que nos persuadem que são mentiras, mostre-se que não devem ser imitadas e se alguma vez esse pecado ou outro nos surpreender, não devemos atribuir-lhe justiça, mas pedir perdão. Na verdade, esta é minha opinião e a essa sentença leva-me tudo o que discutimos precedentemente.

Se se deve esconder ao doente o que lhe traria a morte. Não se deve temer que a verdade homicida não seja dita.

18. 36. É verdade que somos homens e que vivemos entre os homens, mas confesso que ainda não pertenço ao número daqueles aos quais os pecados compensativos não perturbam; mas, nas coisas humanas, muitas vezes, o sentimento humano me vence e não consigo resistir quando me diz: Eis que o doente sofre de uma grave doença e suas forças já não poderiam suportar se lhe for anunciado que seu único e amantíssimo filho está morto; ele te pergunta se vive aquele que sabes que sua vida acabou; o que responderás, quando o que disseres além de uma das três respostas: Está morto; vive; não sei, e ele não acredita senão que está morto, pois ele compreende que temes dizer a verdade e não queres mentir? A mesma coisa vale, embora simplesmente te cales. Porém, daquelas três respostas, duas são falsas: Vive, e, não sei; e não podem ser ditas por ti, a não ser mentindo. Porém, se disseres a única coisa verdadeira, isto é, está morto, e seguir a morte do homem perturbado, as pessoas gritarão que foi morto por ti. E quem suportaria pessoas que exageram no tamanho do mal de evitar uma mentira que salva e amam uma verdade homicida?

Essas objeções inquietam-me com veemência, e seria de admirar se me inquietassem também com sabedoria. Pois, já que me proponho pôr diante dos olhos do meu coração a inteligível beleza daquele de cuja boca nenhuma falsidade pode sair, embora onde mais e mais brilha a verdade, ali mais palpitante reverbera a minha fraqueza: todavia, sinto-me inflamado de tanto amor pela beleza, que desprezo todas as coisas que dela me afastam. Mas, seria demais que esse afeto persevere para que não diminua o efeito da tentação. E não me perturba quando contemplo o luminoso bem no qual não existe nenhuma sombra de mentira que, a nós que não queremos mentir e aos homens que morrem por ouvir a verdade chamada de homicida. Pois, será que se uma mulher impudica te espera para o estupro, e tu não consentires, ela morrerá por seu louco amor e, então, será homicida também a castidade? Ou será porque lemos: *Nós somos o bom perfume de Cristo em todo o lugar, tanto naqueles que se salvam quanto naqueles que perecem: na verdade, para alguns o odor da vida para a vida, para outros, porém, odor de morte para a morte* (2Cor 2,15-16); chamaremos de homicida, também, o perfume de Cristo? Mas, porque somos homens e, muitas vezes, em tais problemas e contradições nos supera ou nos fatiga o sentido humano, pois isso, logo ele acrescenta: *E para isso, quem é idôneo?* (2Cor 2,16).

Permitida a mentira no caso proposto, como é difícil fingir as finalidades com mentiras, para não crescerem até pecados graves.

18. 37. Acrescente-se aqui que há algo mais miserável a ser lamentado, pois, se concedermos que se pode mentir para preservar a saúde do doente que pergunta sobre a vida de seu filho, aos poucos e gradualmente esse mal cresce e, com breves concessões, que se introduzem gradativamente, torna-se um monte de mentiras infames, para as quais nunca se poderá encontrar um meio que, com pequenos acréscimos, se possa opor a tamanha peste e, com isso, mantê-lo afastado. Por isso, muito providencialmente está escrito: *O que despreza as coisas pequenas pouco a pouco cairá* (Eclo 19,1). Que dizer, então, se tais amantes desta vida, que não hesitam antepô-la à verdade para que o homem não morra, e até, para que um homem destinado a morrer, morra somente algum tempo depois, desejam não só que mintamos, mas também que cometamos perjúrio, de modo que, para que não passe rápido a existência vã do homem, tomemos em vão o nome do Senhor nosso Deus? E, entre eles, existem uns sabidos que até estabelecem regras e fixam limites para quando se deve ou não se deve perjurar. Oh! Onde estais, fontes de lágrimas? E o que faremos? Para onde vamos? Onde nos

ocultaremos da ira da verdade se não só negligenciamos evitar as mentiras, mas até nos atrevemos a ensinar o perjúrio? Vejam, pois, os protetores e defensores da mentira que espécie ou quais os tipos de mentiras que querem justificar: se, ao menos, concedem que não se deve mentir em relação ao culto de Deus; que, ao menos, se contenham dos perjúrios e das blasfêmias; ao menos, onde o está nome de Deus, onde Deus é invocado como testemunha, onde se interponha o sacramento de Deus, onde a religião divina for proclamada ou discutida, que ninguém minta, ninguém louve, ninguém ensine ou ordene, ninguém diga que a mentira é justa: quanto às outras espécies de mentiras, cada um que gosta de mentir escolha para si o tipo que julga ser mais manso e mais inocente. Porém, de uma coisa eu sei: aquele que também ensina que é oportuno mentir quer ser visto como aquele que ensina a verdade. Pois, se é falso o que ensina, quem quererá estudar uma falsa doutrina, onde tanto se engana quem ensina como é enganado quem aprende? Porém, se puder encontrar um discípulo, ele afirma que ensina a verdade, embora ensine a mentir. Como a mentira poderá ser verdade, se o Apóstolo João reclama: *Toda a mentira não vem da verdade* (1Jo 2,21). Portanto, não é verdade que alguma vez se pode mentir, e o que não é verdade não se deve, absolutamente, propor a ninguém.

Para ensinar ao que duvida se não deve cometer um estupro, da mesma forma não se deve mentir.

19. 38. Mas a fraqueza, exercendo seu papel e com o apoio de multidões, proclama que sua causa é invencível, quando contradiz e diz: Como entre os homens pode-se ajudar aos homens que correm perigo se somente pelo engano podem livrar-se do infortúnio – alheio ou próprio – se o afeto humano nos inclina a não mentir? Se a turma dos mortais e a turma da doença pacientemente me ouvir, responderei algo em defesa da verdade. Certamente, a piedosa, verdadeira e santa castidade não procede senão da verdade: e quem age contra ela, certamente, age contra a verdade. Por que, então, se não houver outra forma de socorrer os que estão em perigo, não cometo um estupro, que é contrário à verdade porque é contrário à castidade? E, para socorrer os que correm perigo, digo mentiras, o que é, abertamente, contrário à verdade? O que tanto nos promete a castidade, que ofende a verdade? Pois toda a castidade vem da verdade e, embora não seja do corpo, pois a verdade é a castidade da mente, e na mente habita também a castidade do corpo. Por fim, o que eu disse pouco antes e novamente o digo, quem me contradiz, para me persuadir e defender alguma mentira, o que diz se não diz a verdade? Mas, se deve ser ouvido porque diz a verdade, como quer que seja verdadeiro dizendo a mentira? Como pode a mentira usar a verdade como sua protetora? Ou será que vence seu adversário para vencer a si mesma? Quem poderá suportar tal absurdo? Portanto, de forma alguma devemos dizer que são verdadeiros os que afirmam que algumas vezes deve-se mentir; nem, o que é muito absurdo e uma grande tolice, crer que a verdade nos ensina a mentir. Afinal, ninguém aprende a cometer adultério através da castidade, ninguém aprende a ofender a Deus através da piedade, ninguém aprende a fazer o mal a alguém através da benignidade; e aprendemos a mentir através da verdade? Pois, se a verdade não nos ensina isso, não é verdade, e se não é verdade, não se deve aprender: se não se deve aprender, por isso, nunca se deve mentir.

Se de outra forma permitem-se as mentiras, deve-se temer que não progrida até os perjúrios e as blasfêmias.

19. 39. Mas, alguém diz: *O alimento sólido é para os perfeitos* (Hb 5,14). Pois, muitas coisas são toleradas devido à fraqueza humana, embora não agradem à sinceríssima verdade. Diga isso aquele que não teve medo das consequências das coisas que devem ser temidas, se, de algum modo, forem permitidas algumas mentiras. Todavia, de modo algum deve-se permitir que cheguem a tal ponto que se transformem em perjúrios e blasfêmias: pois, não é oportuno que se defenda uma causa na qual se deva perjurar, ou, o que é mais execrável, que Deus seja blasfemado. Realmente, não é verdade que não se blasfema porque se blasfema mentindo. Do mesmo modo, poder-se-ia dizer que não se perjura porque se perjura mentindo. Mas alguém poderia perjurar usando a verdade? Da mesma forma, ninguém pode blasfemar movido pela verdade. De fato, jura falso mais levemente aquele que não sabe que é falso e julga ser verdadeiro aquilo que jura: como também Saulo blasfemou de maneira mais escusável porque o fez por ignorância (cf. 1Tm 1,13). De qualquer forma, porém, é pior blasfemar do que perjurar, porque, perjurando toma-se Deus como testemunha de uma coisa falsa; blasfemando, porém, são ditas coisas falsas do próprio Deus. Todavia, o perjúrio, ou a blasfêmia, é tanto mais imperdoável quanto mais alguém se dá conta ou suspeita que sejam falsas as coisas que afirma perjurando ou blasfemando. Por isso, quem diz que pela saúde temporal e pela vida do homem em perigo deve-se mentir, esse afasta-se demasiadamente do caminho da eterna salvação e da vida, se disser que, por esse motivo, deve-se jurar em nome de Deus e blasfemar contra Deus.

Se se deve mentir, ao menos, pela salvação eterna do homem. Em perigo de salvação eterna, assim como não se deve apoiar o homem no estupro, também não se deve apoiá-lo na mentira, que é um verdadeiro pecado.

20. 40. Mas, às vezes, somos colocados diante da própria salvação eterna e se grita que, se esse perigo não puder ser afastado de outra forma, deve-se fazê-lo pela nossa mentira; como se aquele que deve ser batizado estivesse em poder dos ímpios e dos infiéis e a ele não se pudesse chegar para ser lavado no lavacro da regeneração a não ser que, mentindo, se enganem os guardas. Diante desse odiosíssimo clamor pelo qual somos obrigados a mentir, não para conseguir riquezas e honras nesse mundo que passa, nem para salvar a própria vida temporal, mas para a salvação eterna de um homem, para onde devo fugir, a não ser para ti, ó Verdade? E tu me propões a castidade. Por que, então, se, pela fornicação fazemos algo contrário à castidade, podemos obter que esses guardas permitam que batizemos esse homem e, se podem ser enganados pela mentira, fazemos coisas contrárias à verdade? Já que, sem dúvida, a ninguém a castidade seria fielmente amável se a verdade não for ordenada por ela. Por isso, para chegar a batizar o homem, enganem-se os guardas mentindo, se a verdade ordenar isso. Mas, como, para batizar um homem, a verdade ordena que se minta, se a castidade não ordena que para batizar um homem se cometa um adultério? Ora, por que a castidade não ordena isso, a não ser porque a verdade não o ensina? Portanto, se não devemos fazer senão o que a verdade ensina, já que, nem para batizar um homem a verdade ensina a fazer o que é contrário à castidade, como nos ensinará, para batizar um homem, o que é contrário à própria verdade? Mas, assim como os olhos são fracos para olhar o sol e, todavia, olham de boa vontade para as coisas iluminadas pelo sol, da mesma forma, existem almas em condições de gozar a beleza da castidade, mas não igualmente capazes de avaliar devidamente a verdade da qual a castidade recebe luz, para que, quando acontecer que se deva fazer algo que é contra a verdade fujam e se horrorizem como fogem e se horrorizam se lhes for proposto que devem fazer algo contra a castidade. Porém, aquele filho que recebendo a palavra está muito longe da perdição, e nada de falso sairá de sua boca (cf. Pr 29,27), de modo que se considera tão proibido de ajudar um homem pela mentira como se tivesse de passar por um adultério. E o Pai ouve aquele que ora, para que possa ajudar sem mentir, pois o próprio Pai, cujos juízos são imperscrutáveis, quer ajudar. Portanto, esse filho abstém-se tanto da mentira quanto do pecado. Pois, às vezes, dá-se o nome de mentira ao próprio pecado, como quando se diz: *Todo o homem é mentiroso* (Sl 115,11). De fato, diz-se assim, como se dissesse: Todo o homem é pecador. E aquilo: *Mas, se a verdade de Deus cresceu por minha mentira* (Rm 3,7). Por isso, já que mente como homem, peca como homem e estará sujeito àquela sentença pela qual se diz: *Todo o homem é mentiroso*, e: *Se dissermos que não temos pecado, enganamo-nos a nós mesmos e a verdade não está em nós* (1Jo 1,8). Mas, já que nada de falso procede de sua boca, ele será segundo aquela graça da qual foi dito: *Quem nasceu de Deus, não peca* (1Jo 3,9). Pois, se esta natividade fosse a única em nós, ninguém pecaria: e quando ela for a única, ninguém pecará. Agora, porém, ainda carregamos que nascemos corruptíveis, embora, segundo aquilo que renascemos, se andarmos bem, seremos renovados interiormente dia após dia (cf. 2Cor 4,16). Mas quando o que é corruptível se revestir de incorruptibilidade, a vida absorverá tudo e não permanecerá nenhum aguilhão de morte, porque o aguilhão da morte é o pecado (cf. 1Cor 15,53-56).

Epílogo

21. 41. Portanto, ou as mentiras devem ser evitadas e agimos corretamente, ou nos confessamos e fazemos penitência: para que não abundem por uma vida vivida de maneira infeliz, nem se multipliquem sendo ensinadas. Mas, quem pensar assim, para socorrer um homem que corre perigo na sua salvação temporal e eterna, escolha qualquer outro tipo de mentira, contanto que entre eles não obtenhamos nenhuma causa pela qual seja oportuno chegar ao perjúrio e à blasfêmia e que julguemos esses crimes maiores ou, certamente, não menores do que os estupros. Ora, deve-se ter presente que, muitíssimas vezes, os homens provocam suas esposas ao juramento quando suspeitam de adultério delas: na verdade, não fariam isso se não acreditassem também que aquelas que não temeram cometer adultério, pudessem temer o perjúrio. Porque, certamente, algumas mulheres impudicas que não temeram enganar os maridos por uma união ilícita, mas diante dos próprios maridos que haviam enganado, temeram colocar deslealmente a Deus como testemunha. Por qual motivo, pois, um homem casto e religioso não quereria, por meio do adultério, ajudar um homem a ser batizado, e consentiria no perjúrio, que também os adúlteros costumam temer? Ora, se é nefasto agir assim perjurando, quanto mais blasfemando? Portanto, jamais aconteça que um cristão negue ou blasfeme contra Cristo para conseguir que alguém se torne cristão; e busque quem está perdido para encontrá-lo, pois se ensina tais coisas perde o que encontrou. Assim, então, deves refutar e destruir o livro, cujo nome é Libra, sabendo que, primeiramente, deve-se cortar a cabeça pela qual dogmatizam que se deve mentir para ocultar a própria religião, de modo que mostres que os testemunhos dos santos Livros que costumam usar para apoiar suas mentiras, em parte, não são mentiras e, em parte, quando o são, não devem ser imitados: e se a fraqueza chegar a exigir que lhe seja permitido o que levemente a verdade desaprova, em todo o caso, deves indiscutivelmente manter e defender que, em relação à divina religião, jamais se deve mentir; quanto aos que permanecem escondidos, porém, assim como não é permitido descobrir os adúlteros pelos adultérios, os homicidas pelos homicídios, os maléficos pelos malefícios, da mesma forma não devemos procurar os mentirosos pela mentira, os blasfemos pela blasfêmia; isso, segundo as muitas coisas que discutimos neste volume, que mal chegaremos a seu término, que fixamos nesse ponto.

Veja outros livros do selo *Vozes de Bolso* pelo site

livrariavozes.com.br/colecoes/vozes-de-bolso

Veja outros livros

PUBLIFOLHA

Conecte-se conosco:

- **f** facebook.com/editoravozes
- **◉** @editoravozes
- **𝕏** @editora_vozes
- **▶** youtube.com/editoravozes
- **☎** +55 24 2233-9033

www.vozes.com.br

Conheça nossas lojas:

www.livrariavozes.com.br

Belo Horizonte – Brasília – Campinas – Cuiabá – Curitiba
Fortaleza – Juiz de Fora – Petrópolis – Recife – São Paulo

EDITORA VOZES LTDA.
Rua Frei Luís, 100 – Centro – Cep 25689-900 – Petrópolis, RJ
Tel.: (24) 2233-9000 – E-mail: vendas@vozes.com.br